李文正

自传

[印度尼西亚]
(Dr. Mochtar Riady)
李文正

著

清华大学出版社
北京

## 内 容 简 介

李文正博士是印度尼西亚力宝集团的创始人和董事局主席，经营银行46年，在银行界有广泛影响，后又经营土地和信息资源，其产业延伸到地产、百货、超市、医疗、教育、传媒、网络、科技等领域。本书是作者倾注其心血的亲笔佳作，总结了其白手起家、经营起庞大企业王国的历程和心得以及对人生的深切感悟，引人入胜。

本书既适合作为高等院校MBA教学案例使用，也适合商业人士在创业创新过程中借鉴和学习。本书所表达的人生感悟和企业家精神，以及企业管理中所融会的中华传统文化，价值独到，对一般读者也颇有启发。

**图书在版编目（CIP）数据**

李文正自传 /（印尼）李文正著. —北京：清华大学出版社，2016 (2025.4重印)
ISBN 978-7-302-43323-1

Ⅰ.①李… Ⅱ.①李… Ⅲ.①李文正-自传 Ⅳ.①K833.425.38

中国版本图书馆 CIP 数据核字（2016）第 050718 号

责任编辑：王巧珍
装帧设计：常雪影　傅瑞学
责任校对：王凤芝
责任印制：杨　艳

出版发行：清华大学出版社
　　　　　网　　址：https://www.tup.com.cn, https://www.wqxuetang.com
　　　　　地　　址：北京清华大学学研大厦 A 座　　　邮　编：100084
　　　　　社总机：010-83470000　　　　　　　　　邮　购：010-62786544
　　　　　投稿与读者服务：010-62776969，c-service@tup.tsinghua.edu.cn
　　　　　质量反馈：010-62772015，zhiliang@tup.tsinghua.edu.cn
印 装 者：三河市君旺印务有限公司
经　　销：全国新华书店
开　　本：165mm×240mm　印张：14.75　插页：6　字　数：171千字
版　　次：2016年4月第1版　　　　　　　　　　　印　次：2025年4月第7次印刷
定　　价：48.00元

产品编号：066103-02

一对情侣，谈恋爱时期

1979年，在中亚银行任职

1984 年，由金门大学（Golden Gate University）授予法学名誉博士

2008 年 12 月 7 日，在雅加达华裔总会会馆举行《古圣哲理与现代管理》一书的发布会

香港，2009 年 11 月 10 日，与香港浸会大学（Hongkong Baptisy University）颁发荣誉学位（Honorary Degree）的授勋者一起合影

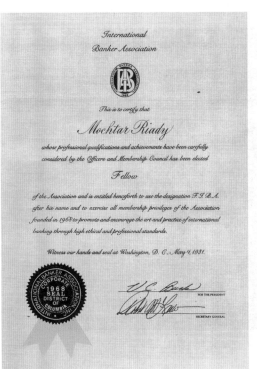

成为国际银行协会一员

2001 年，接受中国福建省政府的邀请，担任福建省人民政府国际经济顾问

在由杰克逊·史蒂芬（Jackson Stephen）先生和比尔·克林顿（Bill Clinton，时任阿肯色州州长）举办的迎接餐会上一起用餐

在比尔·克林顿总统就职典礼上，与比尔·克林顿（Bill Clinton）会面

与美国Haggai学院（Haggai Institue Amerika）创始人John Edmund Haggai博士会面

作为印尼国立大学的校务委员会主席，在新任印尼国立大学校长 2002 年至 2007 年任期的就职典礼上签字

印尼国立大学校务委员会主席李文正博士与印尼教育部长 Bambang Sudibyo 先生及全体委员合影

1996年，在孙女于南加州大学的毕业典礼上

南洋理工大学商学院，作为主要发言人在院长就职典礼讲座上

2007 年 11 月 9 日，作为总统贵宾在新加坡总统府合影

在由新加坡总统纳丹（S. R. Nathan，图中右）和新加坡国
立大学校长（陪同，图中左）举办的迎接餐会上一起用餐

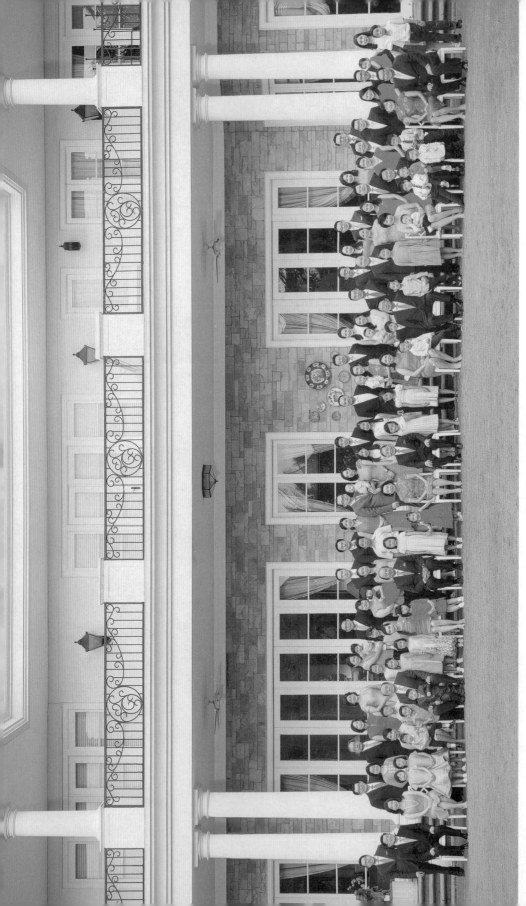

2016 年，大家庭全家福

# 目　　录

## 第四部分　第四个 20 年（1991—2010 年）：
## 从大西洋转到太平洋的时代

我一生最欣慰与自豪的是：

孩子们比我强，

孙子们比孩子们更强。


历代王朝的衰落与崩溃，

往往不是因为没有强大的国防，

而是因为奢侈挥霍和荒淫无度。


要家族长青，须牢记古训：

勤以静心，俭以养德。

# 自 序

我生于 1929 年。从有记忆力开始，我所经历的就是战争，就是逃难，就是灾难，就是死亡与贫苦。生命的旅途就是颠簸，充满变数，前途总是渺茫莫测……

这与我目前的境遇完全是两极相反。

到 2015 年 5 月 12 日，我已在世上足足活了 86 年。我从未想过会活到这么久，全家四世同堂共 96 口人，还掌握这么多的事业。

20 多年来，我偶有与新老朋友闲谈往事，多位友人都劝我写自传，特别是母校东南大学（前身是南京中央大学）的校长顾冠群先生。但我始终认为，天有不测风云，因前途未定而不敢枉自撰写。我的故事最好是待盖棺论定，再由别人执笔。

2014 年春，定居美国的余洁龄兄弟邀我去中东做"《圣经》寻根之旅"。十二天的旅行中，我们朝夕相处，每天游览《圣经·旧约》中所叙述的古迹，沿途路上，博学广识的余兄弟随处给予很生动的解释，印证《圣经》的记载。我们早晚都享受神的话，得益良深。在旅途中，余洁龄兄弟总是引我闲聊往事，我也无章地随意叙述。想不到分手 20 天后，余洁龄兄弟竟寄给我 106 页的《李文正兄弟行口述记录》，阅后既高兴且感动。这本口述记录给我一个启发：或许我这一生 87 年的经历仍有引人入胜之处，更重要的是，能通过回忆往事，起码让我的子孙知道今天我这个庞大的家族事业是如何从无到有、从小到大，历经千辛万苦，经过一生坎坷才累积起来的。我希望能够让子孙们真正了解"勤以静心，俭以养德"的真谛。此外，我的父亲尽父职的故事和他的为人之道，或许可以感染我的子孙后代，期盼他们世代相传，都能尽责做个好爸爸或好妈妈，都能做个尽责的国民。

我经历了多次残酷的战争，这些经历让我一生向往和平。世界和平、社会和谐和家庭和睦是我最大的梦想，我所能做到的就是努力引导家庭和睦、企业和谐、同事和同业间和谐，尽量做到尊重他人的立场，求同存异，可以殊途但要同归。我希望这本《自传》能够抛砖引玉，把这个理念提到更深一层和更丰富的范围。

这本书的写成，要感谢我的夫人和孩子们给予我精神上的支持与鼓励，也要感谢我的助理周鹏先生的校正工作和陈楷才先生的印尼语翻译工作。

我的经历分成五个阶段，每个阶段恰好是 20 年：

第一个 20 年（1929—1950 年）：艰辛和苦难的童年与青年时代

第二个 20 年（1951—1970 年）：与印尼共和国同步建设民族经济的时代

第三个 20 年（1971—1990 年）：在经济全球化大潮流中发展事业的时代

第四个 20 年（1991—2010 年）：从大西洋转到太平洋的时代

第五个 20 年（2011—至今）：成为子孙模范的老人时代

87 年一瞬间就过去了。历历往事，就像存积在档案室里没有整理过的记录文件，零乱无章。我从来没有想过要写自传，连写日记的习惯都没有，更没有写传记的经验。如何整理与叙述，其实真不轻松。

# 我一生的大背景

印尼于 1945 年 8 月 17 日宣布独立，随即发行了印度尼西亚共和国货币（ORI, OEANG REPUBLIC INDONESIA），逐步换回在日本侵占印尼时期日本军政府发行的钞票。当时荷兰占据的区域也发行了自己的叫 NICA 的钞票，所以从 1949 年到 1951 年期间，印尼的市面上同时有三种不同的钞票流通。当时印度尼西亚共和国货币因印刷低劣，易于伪造，所以市面上有大量的伪印度尼西亚共和国货币钞票流通，加上 8 年半的连续战争导致生产低落、物资奇缺，由此引起了严重的恶性通货膨胀，民不聊生。

1950 年 3 月 10 日，印度尼西亚财务部部长 Sjafruddin 先生采取了货币改革措施，把票面 5 印尼盾（Rp 5）以上的 NICA 钞票予以腰斩，钞票的左边半张以票面额的 50% 照旧流通，而钞票的右半张按照票额的 50% 款额向印尼银行兑换 40 年期年息 3% 的国债。这一措施的目的在于统一印尼共和国的货币，同时借此增富国库，并减少货币流通量以遏止通胀。可惜，这一措施并没有伴以可行的经济建设计划，因而并没有达到预期的成效，未能彻底改善印尼的经济困境。

印尼的独立是经历了 5 年的长期战争才从荷兰人手中夺回了政权，不像其他东南亚国家的独立是殖民地政府经过第二次世界大战的打击后，无奈被迫以和平过渡方式给予各国独立。因此印尼民族更具政治意识，独立后出现了48个政党。从此印尼党争不休，政局不稳，极大影响了经济建设，导致金融颠簸、通货膨胀、货币贬值，9年以后，西亚里夫定的货币腰斩政策可以说是彻底失败。

1959年8月25日，印尼政府又一次采取货币改革措施，这次的措施是把钞票的面额减去一个零，即500印尼盾票额的钞票只剩下50印尼盾的价值，1 000印尼盾票额的钞票只剩下100印尼盾的价值，同时客户在银行的存款超过25 000印尼盾者予以冻结其存款。这次的货币改革目的主要是针对有钱阶层，可惜这项措施不仅把资金吓跑，而且国内生产滞后，经济大局混乱，从而埋伏了更大的政治危机。

苏加诺总统是一位民族意识极强的政治家，他一生与殖民主义斗争，强烈的反帝国主义思想使他倾向于社会主义。他在执政期间，极力提倡建国五项原则，潘查希拉（Pancasila）[①]成为印尼民族的政治思想。他的外交策略是联合亚、非两洲曾经被殖民主义者侵略过的民族，共同反对西方资本主义国家，是他倡议召开亚非会议并成立世界反帝国主义的联盟。印尼在苏加诺思潮影响下，于1963年与马来西亚及新加坡进行对抗，并且继续与荷兰殖民地政府抗争，夺回伊里安岛。苏加诺总统在这些政治议题上取得了辉煌的胜利，奠定了印尼民族的国际地位，加强了民族的自尊心。我们应承认，苏加

---

① 潘查希拉：词源来自于一个古老的印度教理想，是印度佛教的"五戒"，即古代印度的佛教徒用于描述道德经的五条戒律。1954年4月，中、印两国签订了《中印关于中国西藏地方和印度之间的通商和交通协定》，这一协定简称"西藏协定"或"潘查希拉协定"，因为协定的序言中确立了和平共处五项原则，五项原则被印度称为"潘查希拉"。当时的印度尼西亚政府也借用了"潘查希拉"作为自己的立国原则，因此"潘查希拉"既是和平共处五项原则的代名词，也是印尼建国原则的代名词，即"信仰神道、人道主义、民族主义、民主和社会公正"五项基本原则。

诺总统是印尼的民族英雄，值得我们骄傲，配得上我们的尊敬与赞扬。

但是另一方面，印尼的经济却陷入了困境。西方各国针对印尼政府采取了排挤、围攻和隔绝政策，特别是在经济方面给予严厉打击，更使印尼陷入水深火热的困境中。在1953年以前，印尼盾与美元的汇率是1美元兑5印尼盾以下；到了1959年，印尼盾已经贬值成为1美元兑45印尼盾；到了1965年后，印尼盾再贬值成为1美元兑3 500印尼盾；而到了1998年亚洲金融风暴时，印尼盾对美元的汇率曾经贬值到1美元兑18 000印尼盾。

1965年12月19日，印尼政府又进行了一次金融改革，把钞票的票额去掉三个零，换一句话说就是货币贬值为千分之一，这是印尼1945年独立以来连续经历的第三次货币大贬值，导致了循环性的通货膨胀。1966年的通胀率已达到650%，而银行的存款利息高到月息20%，印尼的经济几乎陷入全面破产的境地。

1955年到1965年期间，各政党之间争斗不休，几乎每一年都要换内阁，政局动荡，经济衰退，通货膨胀，银根奇紧，呆账成堆。因此，在1967年发生了一次银行大挤兑风暴，在15天内连续倒闭了17家银行，如果当时中央银行不出手相救，我相信印尼的所有银行都会倒闭。

尤其是1998年发生的亚洲金融危机又侵袭了印尼的银行业，当时整个行业陷入万劫不复的状态中，连印尼的中央银行和财政部都陷入破产的境地，必须请求国际货币基金组织（IMF）以及世界银行（World Bank）出手援救。经济危机引发政局动荡，最终导致苏哈托政权倒台。

印尼独立以来，很多的时间都处在高通胀的经济状态中，最受害的就是工薪阶层，特别是国家公务员。很长时间里，公务员每月所得薪水只够七天的开销，其余的就要靠变卖家里的旧东西过活。久了，家里的东西也卖完了，所以公务员身在办公室，心在惦记家里的亲人要么是病了无钱医病，要么是孩子没有钱交学费，物价天天涨，薪水又不涨，真是苦不堪言。这些公务员最后才发现，他们手上掌握的权力是可以卖钱的，换来钱后日子过得很好。于是一人做百人学，上行下效，从此印尼陷入官场贪污腐败的泥潭，这些腐败的官僚又加深了印尼经济的萎靡不振。印尼人民现在正通过KPK（肃贪委员会）大力整治官僚的腐败行为，我深信这将是印尼独立以来的另一次胜利。

我一生的第三个20年经历了经济全球化的时代，第四个20年经历了世界经济中心从大西洋盆地转到太平洋盆地的时代。面对时代的大转变以及印尼的政局动荡和经济颠簸，这些压力使得我养成了高度的危机感，前程似乎总是风云莫测、祸福未卜。但是我也从中悟出：危机就是生机的源泉，危机中总隐藏着巨大的生机。

印尼民族在过去的65年里，不论是经济或是政治都经历了大风大浪的考验，这似乎是一个民族成长过程的必经之路和百炼成钢的必然现象。今天，印尼民族可以自豪地说，我们是世界上最成熟的民主国家之一，同时也是世界上第十大经济体，印尼正在迈进一个新的大世纪。

力宝集团是随着印尼共和国的经济与政治的成长而成长的，可以说是与印尼共和国共患难、同成长。几十年来，同样也经历了大风大浪，勤俭苦斗才有今天的力宝。

印尼共和国65年的艰辛历史就是我一生经历的大背景。我一生的经历与印尼共和国的 65 年历史息息相关。这是我提笔写自传的起点与动力。

　　我一生的头 20 年是艰辛和苦难的童年与青年时代。我经历了四次战争，首先是中国的军阀割据战争，其次是世界二战中日本侵占印尼的战争，再次是印尼独立革命战争，第四次是在南京念大学时遇到的国共内战。战争给我的体验是残酷、破坏、饥饿、死亡。经过战争的痛苦，我彻底了解和平的可爱与幸福，也让我信守一生不与人争的哲理，确信忍让和解才是成功的根基。

# 第一部分

第一个 20 年（1929—1950 年）：
## 艰辛和苦难的童年与青年时代

# 将来用什么烧饭

我 5 个月大的时候，祖父（李进财）在老家福建省莆田县江口镇新店村病重，父亲（李亚美）带着全家从印尼东爪哇省玛琅县回老家探望祖父。不久祖父病逝，母亲与我留在家乡陪伴祖母。这一住就是 6 个年头，到 1935 年我们才回到印尼玛琅。在这 6 年里，旧中国地方军阀割据，战火连绵，社会动荡，白天怕军警，夜里怕土匪。新店村紧靠福厦公路，是兵家必经之地，村子里约有两百户人家，除了一家姓陈的外，其他全是姓李的。我家是从郊上村移居到新店村，到我父亲这一辈已经是第 6 代了。村子是一条长街，两端筑有堡垒，乡亲们轮流值夜防匪。印象中，村民都有枪械以自保，生活过得很不安宁，经常要逃到山上墓穴里躲避各派军阀的争战。在这个战火纷飞的情形下，慈爱的祖母催促父亲尽早把我们带回印尼。

祖父有一位哥哥叫李添丁，他的一位长孙名叫李文熙，攻读军校毕业后官至少校营长，是村子里唯一的军人。我有两个堂叔李仲芳和李青松，是唯一到上海受过高等教育的。我祖父是村里的第二富农，据说拥有大约 30 亩田地，家里祖业木匠，也经营放租，也就是农村里的放贷业务。记忆中的祖母很有智慧并且威望很高，村子里的族亲们都很尊重她。

四叔给我讲过一段我小时候的事情。约莫 4 岁的时候，有一天我突然很认真地问祖母："咱们村子的人现在都靠山上的木材烧饭，但山上的木材几乎都要砍光了，将来我们要靠什么烧饭？"当时祖母很镇定地回答说："孩子，你问得好。神造宇宙是完美的，已经为人做了完整的安排，树烧光了可以再生长，并且必定有其他的东西可以代替，你不用担心。"

我是家里的长子长孙，也是唯一的男孙，所以祖母最疼爱我，无微不至地照顾我的生活，拣最好的食物给我吃。在家乡的 6 年，我几乎都是陪祖母睡，她庇护我，谁都不敢责骂我。1935 年当父亲要带我们回印尼时，我连着哭了好几天，拖着祖母不放，舍不得离开她。

有一天，祖母带着我去一个寺庙，那里很清静，风景秀美。我至今很清楚地记得她认真对我说："孩子，家乡虽然很美，但是你看这里的人因为没有本领所以都很穷。你必须到外国去学本事，学好本事再回来，替家乡做事。孩子，出去是为了回来。"

我永远记着祖母这句话，"出去是为了回来"，但一直不明白其间真义。1990 年我又回到莆田，踏上故乡的热土，一刹那我终于悟出祖母想要告诉我的意思。家乡穷是因为没有工业，没有工业是因为没有自来水和电。我决定邀请亚洲开发银行与国际货币基金组织的子公司国际金融公司（IFC）共同集资建设莆田湄洲发电厂，希望把湄洲湾建成中国的石化工业中心和钢铁工业中心。乡亲们在家乡的自来水厂大门前放置了一块大石头，上面刻着"饮水思源"四个大字作纪念，看到这四个字就想起祖母叮嘱我的那句话，"出去是为了回来"。

1935年，一家人历经千辛万苦又回到了印尼。同船百余乘客都是从厦门上船，在泗水港口上岸。泗水天气炎热，我们满身汗渍，必须耐心地排队接受荷兰殖民地政府移民官的审查。这是我第一次看到红毛蓝眼、又高又大的白种人，他们都神情高傲、盛气凌人，把中国人当成犯人看待。当时我好怕好怕，天气又闷热，不由得想起祖母与家乡，我又哭了，妈妈抱着我安慰我，叫我不用怕。

到了玛琅我就去南强学校念书，认识了许多同学。其中有一位家里开餐馆，有一次在他家做游戏玩耍时，突然听到前面餐厅的荷兰人大吵大骂，原因是服务员端食物时把拇指压在了盘子上，荷兰人认为这是不卫生、不礼貌，但这在当时的印尼是很正常的事。那时，荷兰人经常会因为芝麻小事而闹事，因为他们自认是统治者，总想高人一等。

## 9 岁失去妈妈的痛苦

我9岁的时候，妈妈怀上妹妹，那时乡下没有医院，妇女分娩都在家里请接生婆助产。当时一家人都在房外等待，只听妈妈在房里大声喊痛，听说是难产，父亲坐立不安，一家人都很焦急，但又无可奈何。最后妹妹生出来了，但妈妈却永远离开了我们，从此我就成了没有妈妈的孩子。父亲在屋中央挂了母亲的照片，摆设香桌，在七七四十九天中，他每天不到凌晨5点就早早准备了素菜，烧香点烛，念经超度。父亲常呆呆地凝望亡妻遗像，独自流泪。七七过后很长很长的岁月里，父亲想起母亲仍常暗自流泪。

父亲从此既当严父又是慈母，他经常要替我补衣、洗澡，晚上又要催我放尿，凌晨 5 点必起床烧香念经，思念亡妻，然后督促我念书。下午从学校回家，稍微休息一下又督促我写一面小楷、两面大楷，教我临摹柳公权的字帖，并讲解关于中国文字的布局和结构。他说中国文字中每个字就是一幅画，只有懂得字的布局和结构后，再练习笔力才能写好中国文字，他也教我念尺牍学写信。在玛琅的兴化同乡，只有父亲懂得书写信函，因而每天都有乡亲带家信请父亲解读并复信，慢慢地我也熟悉了他们通信的内容以及彼此之间的亲戚关系。父亲指导我关于通信两方的身份、关系和称谓，他让我替乡亲们代笔，那一年我才 11 岁。能替父亲增光，为乡亲做事，我非常高兴。在学校里我是班长，也担任学校月刊的主笔。

## 一张彩票的故事

有一次听说买彩票可以发财，我用积攒的一盾钱换回一张彩票，时间到了我就注意查对彩票号码是否中彩。父亲看到后，怒气冲冲地把彩票夺去，在我面前撕碎，并打了我三下手，警告我：发财必须靠流汗，不可侥幸靠赌博、靠运气，不可坠入邪途。

父亲非常严肃地告诫我：不可接受别人的馈赠，接受馈赠就会欠下人情，就易受控于人；做人必须自在、自敬。他也常常训导我：赐比受更有福。有一次，三叔母送我一包小零食让父亲看到，他坚持要我把零食还给三叔母。我衣服破了或者掉了纽扣，都是父亲在夜间替我缝补，鞋子坏了他也自己修理。空闲时他常常讲《二十四孝》和《陶朱公理财十二则》的故事。买连环画版的《三国演义》叫我看，然后才看《三国演义》的正本。父亲循序渐进地引导我研习中国文学和吸收中国文化。如果说今天我能有一些成就，这都是父亲的功劳。他真的是一个好父亲的榜样，我亏欠他太多太多。

# 日本军队的残酷

1941年第二次世界大战期间，日本军队占领了印尼，我们第一次看到日本军人。他们在每个十字路口设立检查站，居民过街必须对日本军人行90度的鞠躬礼。经常有日本军人因看不顺眼就随意打人耳光并罚站烤太阳，日本人比荷兰人更凶，更蛮不讲理。

当时东爪哇玛琅县有62位兴化乡亲组织了福建兴化同乡会，简称为"福兴会"。福兴会在日军进驻后仍未解散，被日本军队误当作是中国的抗日机构——重庆的"复兴会"。有一天的凌晨5时，这62人同一时间被抓进监牢，父亲与三叔也包括在其中，他们被关了三年，直到日本投降后才获得自由。这62位同乡经受了非人的酷刑折磨。据说这些酷刑包括拔指甲、走玻璃碎、反吊、灌水、毒打、火刑、饿肚、终日晒站、不让睡觉等。福兴会的主席卓克丁乡长被打死在牢中，其余的放出来后要养伤一年多才能恢复。

## 没有父母的小赌徒

父亲及三叔被日本军队抓去了，我就必须自立谋生。在日军占据玛琅期间，每条街道的居民必须轮流守夜。在守夜时我认识了3位比我年长十多岁的同乡，守夜无聊，他们赌牌为乐，亦教我赌牌，从此我夜以继日地跟那3位同乡赌牌。我赌输了，已经把父亲积蓄的一些金饰都输光了，还欠了一大笔赌债。这3个人每天到家里穷凶极恶地讨赌债，我受到威胁逃跑了，连续十多天都不敢回家。有一天，我跑到母亲的墓地痛哭，突然间我清醒了：这是一个骗局，是成年人骗小孩子的把戏。因为当时我才12岁，他们都已经是二三十岁的大人了。想清了这点，顿时心里很踏实。我恨他们大人骗小孩，突然间勇气百倍，很从容地回到家中，开了店门，继续营业。不久这3个人就来了，很凶恶地向我讨债。我很镇定地痛责他们成年人骗小孩的恶行，警告他们：过去的事我不追究，希望他们从此不要再来，否则我将向在泗水的一位很有地位的叔公以及我的校长揭发大人骗小孩赌博的事情，并要求追回我交给他们的金饰品。我的理直气壮，竟把他们吓跑了，从此再不来向我讨债。我这个没有父母管教的小赌徒从此得到解放，重新做人，一生不敢赌博。我永远记住父亲的那句话：发财必须靠流汗，不可侥幸靠赌博、靠运气。

## 我的校长罗异天先生

日军占据玛琅期间，只许有小学并必须加开日文课，每天早上必须在操场举行升日本国旗并唱日本国歌的仪式。因为没有中学可念，所以只好留校，我小学毕业了三次。南强小学的校长罗异天先生是一位资深的教育家，他的中国文学造诣很高。他教解古文很有经验，深入浅出，教了《左传》等书目。记得我很难掌握"而"字的运用，罗校长就在我的作业上写了这么几句："应而而不而，不而而而，而今而后，而已而已"。看完我顿然领悟，掌握了这个"而"字的应用并体会到其中的奥妙。

罗校长也向我传授"三民主义"的真谛，我非常感兴趣。有一次我问罗校长人类为什么会有贫富之别？他借了一本《萍踪寄语》让我阅读，这本书是中国当时一位名记者邹韬奋先生写的。他叙述了美国资本主义社会的不平等，黑人工人阶级受迫害的情况，然后再介绍关于帝国主义的可怕，亚洲人受迫害的情况。我深深地认识到：一个民族必须自强，才能摆脱帝国主义的压迫。

日本进攻爪哇岛的初期，到处都发生抢劫，社会动乱，当时大家都说这是印尼原住民排华。可是罗校长告诉我，这不是排华，是因社会政权真空期而引发抢劫和动乱，是穷与富对抗的必然现象。我理解了。

# 到南京中央大学求学

1945 年日本投降了，印尼宣布独立。独立革命战争在泗水爆发，与英国军队发生巷战。不久后，英军把泗水移交给荷兰殖民军政府，随后荷兰军队攻占了玛琅。印尼独立革命军就撤退到附近的村镇继

续抗击荷兰。当时在玛琅附近有一支印尼军队是由伊曼·苏卡尔多
（Imam Soekarto）中校领导的，一个偶然的机会我认识了他，结为
忘年之交。有时我奉命到附近的荷兰军营侦察，回来向革命军汇报；
有时也帮印尼军队到泗水买药品，我觉得工作得很有意义。

荷兰殖民政府计划分拆印尼，通过建立"东印尼共和国"达到
分而治之的目的。我听说有一位萧玉灿先生领导的组织决定阻止这
个阴谋。萧先生发动东爪哇的华人学生上街游行示威，我立即响应
这个号召。荷兰殖民政府对萧先生这个组织发动攻击逮捕，当时大
约有一百多名学生被关进玛琅罗窝噶瓦鲁（Lowokawaru）监牢。我
侥幸逃脱，离开印尼远赴南京。

在泗水的叔公李亚金交游甚广，介绍我认识一位在上海的姓陈
的兴化人，他经营兴化的龙眼干、布匹和豆类，是一位很有实力的
商家。与他相处了三天后，他介绍我去南京拜会当时国民党国防部
的一位高级将官吴鹤云中将。当时我希望应考南京的国立中央大学，
但因我是在极度紧迫的状态中离开印尼的，匆匆忙忙中什么文件都
没有带，辛亏经过吴鹤云中将的帮忙，网开一面，才得以参加考试，
并最终经过面试被国立中央大学录取。这应该归功于父亲和罗异天
老师的功劳，没有他们两位辛苦细心的教导，我绝对无法考进国立
中央大学。

中央大学当时刚从重庆搬回南京四牌楼，还是很凌乱，尚未进
入正常状态。1946 年美国士兵在北平强奸一名北大女学生引起全国
大抗议，南京各学校也纷纷上街游行抗美，我也是积极参与的一分子。
参加青年学生的抗美运动，让我的思想更加"左"倾。

中国受到日本帝国主义军阀残暴的侵略与破坏，经过 8 年的全

民抗日战争于1945年终于战胜日本，收复失地，全民欢腾。这时美国全力支持国民党并给予三百万大军的美式武器装备，蒋介石发动剿共内战。民心开始动摇，官员趁机贪污，经济失控，通货开始恶性膨胀，物价几乎每天上涨几个百分点，法币已贬值到无法流通的地步，政府被迫改发"金圆券"钞票，可是几十天后又不值钱了。政府又必须改换新的钞票"银圆券"，可是银圆券的寿命更短，只有一个月就失效了，市场拒收。老百姓只好进行易货贸易，物物交换，粮食开始短缺，民不聊生。

当时国民党政府拥有三百万美式装备的大军，竟然在短短两年内被相对弱势的共产党军队击垮了，淮海战役决定了国民党政府的溃败。战争逼近南京了，市内难民乱窜，治安已经失控，到处发生抢劫，加上货币失去价值，货品不流通，南京市都快断粮了。国立中央大学几乎已经停课，教师大多走了，学生也走了，宿舍里只剩下几个人，我们已经三天没有东西吃，只靠饮水止饥，天气又冷，真是饥寒交迫。新街口天天都有难民冻死在街旁，惨景实在无法形容。

在南京面临绝境的我举目无亲，徒叹奈何，突然想起荷兰驻南京的大使馆，灵机一动，现出一线希望，只好硬着头皮向大使馆求助。经过深入问诘之后，结局大出意料：我得到了大使馆的安排，离开困境到达香港。

战争是多么残暴、残酷，它是饥饿、贫苦、死亡的根源，从残酷的战地到了香港才体会到和平是多么可贵，发动战争的人有罪过，必应受到惩罚。在香港我向印尼驻港领事馆申请回印尼，但因为在逃难中我手上没有任何证件无法获批。辗转听说我的老战友伊曼·苏卡尔多先生现已是少将，担任印尼共和国驻缅甸大使，我于是写信求他帮忙，他很讲义气，替我证明身份。我又回到了我的出生地——印尼。

在香港等候回印尼签证期间，恰好遇到一位乡亲李文珠，他很同情我的困境。当时他在香港一家亲戚店里工作，收留我晚上住在店里的桌子上，每天清早我必须赶到西环的市场里上厕所和洗澡。

## 丽梅的信救了我一命

在香港等待签证期间，白天闲来无事，就去逛书店或图书馆，专门拣反对马克思资本论的书刊来研究《资本论》。因为这些反对的作者大多已经做过深入研究，我通过这些反对言论，来印证一些马克思的真正的资本论理论。我也和一些朋友共同切磋关于社会主义的理论。这些日子让我更坚定了我的理想，世界上的一切祸害都是由于帝国主义而产生，只有中国共产党可以拯救这个世界。经过一些朋友的鼓励，大家决定一起经过天津去延安，出发的船票都准备好了。

在没有动身之前，我写了一封信给爱人李丽梅。她先我一步回印尼，我每晚想念她，在梦里更想念她，实在舍不得离开她。但为了理想我又不能不离开她，心中充满了矛盾和痛苦，大家都说我瘦了。我一直盼望着她的回信，每天在看信箱，但总看不到信，心中难过到了极点，真不知道如何打发日子。

奇迹来了，就在我准备出发去天津的前一天，丽梅的信来了，她说：她也每天在等候我的信，等待着我回印尼。她十分担心我去了延安后再也看不到我，她没有力量去想象未来的事，只是无奈，无奈，永远无奈。

看了她的信，我心都碎了，整夜失眠流泪。第二天早上，朋友们催我动身上船去天津，那时正挂着三号风球，我叫他们先走一步，容我再考虑考虑。想不到半小时后风球已升为八号，我已经没有机会上船。那时狂风暴雨，实在可怕，不久一声巨响，有一条船被卷上岸，不一会儿又有一条船着火烧了起来，一整天后台风才过去。次日报纸刊出新闻：那条去天津的船因风浪原因，船内运载的化学品相互碰击而失火，船上的乘客无一幸免全都遇难了。读完报上的消息我全身凉了一半，丽梅，感谢你，你的信救了我一命，感谢神的恩典。

我一生第一个20年经历了四次战争和五个朝代。9岁失去妈妈，11岁时父亲被日军抓去，我变成孤儿，必须自力更生，学习谋生。人生多坎坷，这是一个多苦多难的20年，也是一个难得的磨炼的机遇，让我识事体，有耐力，有理想，敢面对困难。我想：有危必有机，在苦难中总会隐藏着无限的生机。

# 第二部分

第二个 20 年（1951—1970 年）：

## 与印尼共和国同步建设民族经济

## 走遍爪哇岛

1950 年我回到了印尼，印尼刚胜利打败了荷兰殖民主义者，正式独立。印尼从 1941 年起经历了三年半的日本军队占领时期，1945 年后又经历了五年的独立革命战争，总共经历了八年半的战争，整个经济破坏殆尽，政府穷，老百姓穷，全国都处在同一个水平线上。重建家园，困难重重。正是在这样的大环境下，我有机会发展我的事业，我的事业就是共和国里的一个细胞，与共和国同命运、同发展。

回到印尼后第一个问题就是：往哪里走？

当时有一个理念，走遍爪哇岛，看看人家怎么生活？靠什么生活？我信心十足，身边带了简单的行李，极少数的旅费，踏上远征的路。

我开始从外南梦（Banyuwanqi）沿着铁路向一个又一个的市镇去考察每个地方人民的生存方式，依靠什么生活？当时很多村镇并没有旅店，我常常故意到当地的自行车店去问路，问旅店。我知道爪哇岛的自行车商 90% 以上都是兴化人，我用兴化话与他们交谈，所以一见如故。他们都留我住他们店里，不用去旅店，这给我很多方便，又节省。我费时 6 个月走遍爪哇岛，完成了我的计划。我的结论是：海纳百川，全国各地的贸易和商业活动最后都归到首都，首都雅加达是发展事业的基地。

## 我的婚姻

我心目中的妻子是李丽梅，但父亲心目中的儿媳妇是一个陈姓同乡的女儿，因为我和丽梅同姓的原因，父亲更加反对这门婚事。我不忍父亲生气伤身，只能忍耐，好话安慰他，暂不谈婚事。

但另一面，丽梅的家人也反对这门亲事，第一是因为同姓，第二因为我曾经参加印尼独立革命，是玛琅中学闹学潮的领导，是个极端分子，是危险人物，是个浪子。我的婚姻面临双方家长的反对。

虽然如此，我从不放弃，坚持到底。我决定去任抹市（Jember）看丽梅的母亲（丽梅的父亲已过世），据说未来的岳母能干、精明并且有威望。她的商店的地理位置是在任抹市最繁华的一条街的中段，宽 15 米长 50 米。之前是日本人的百货商店，是任抹市最大的商店，身为寡妇竟能占据这个优越的商场，可知她的精明。

我一到任抹就直接去看丽梅的母亲，见到她，自我介绍，但并未开门见山说明求亲的目的。因为到了店里，情况令我十分惊讶，那么大的店铺但只利用 15 米 ×7 米的面积而已，其余的店面竟是空闲着。我灵机一动，就发问这个问题，不提婚姻的事。她很傲气地反问"干你何事？"我只说真可惜，真可惜，真浪费，损失多大啊。我自言自语、东张西望，不理丽梅的母亲，只是叹气为何浪费天物。

她被我这些表情吸引了，反问我应该如何经营。我很从容解释我的看法，认为店铺的地位是介于供应商与消费者的中间的媒介体，在物资充分的时代供过于求，是中介商的市场，供应商需要店铺替他销售商品，我们具有主动地位，只要店铺的地理位置好、布局对，货源不是问题，一般都可以用寄卖的方式销售。同时我建议，应该把店铺打开到终端 50 米长，右边销售布料和与纺织、衣饰有关的商品，左边专门陈列男女用的传统服装沙龙、男子成衣，中间前面部分卖女人的化妆品、女人的鞋子，中间后面部分卖运动器具，商品的排列必须搭配颜色，使整个店铺华丽活泼。我一鼓作气讲完我的理念，丽梅的母亲脸色开始好转，出现了一丝笑容与惊讶，然后继续发问许多问题，比如资金的问题，我的答案：凭着优越的地点，这就是资本，把业务额扩大，这就是能量，供应商需要我们；商品都可以赊账，甚至可以寄卖抽成。她似乎非常赞同我的想法，她留我住在家里，跟她一家人共进晚餐，最后我们谈到深夜，谈得非常投机。次晨一早，我就离开他们，临走时我才对丽梅的母亲提亲，我表示深爱丽梅，我有信心能干大事业，我一定有办法让丽梅过上幸福的生活。她听后只简单回答说："我同意你的要求，但必须在店里帮我三年。"我想了一下，然后答应她的要求。我非常激动又非常高兴，因为我达到了目的。

另一方面，我知道父亲求孙心切，希望我早日结婚，但我采取"以退为进"的策略，从不谈婚姻的事，只是讨取父亲的喜欢，坚持了几个月后，父亲终于同意我自由选择对象。我主动筹备婚礼，在附近的小巷子里租了一间房，自己修整，买简单的家具，又向叔母、堂嫂借金戒指、耳环、手环作为送礼之用。我自己印请帖，抄写亲朋名单，发送请帖，定酒店，布置礼堂，一切都亲手操办，心中非常喜悦，因为有情人将终成眷属。

但我始终瞒住父亲关于替岳母管店三年的条件，最后我劝说我母亲抱回来的哥哥与我合作到任抹市开冰棒店，借故搬到任抹，就这样我就兑现了对岳母的承诺，帮了岳母三年，把我扩张店铺的计划予以兑现，成为任抹市最大的百货店，生意兴隆。岳母及一家人非常高兴，丽梅也为我而自豪。

## 盆栽的树长不大

三年后，我计划到首都发展。父亲很担心，劝我不可造次。因为首都的环境复杂，人地生疏，又没有足够的资金，空手打天下是高度冒风险的念头。有一天，泗水的叔公李亚金到玛琅，他很欣赏我，与我是忘年之交。他完全同意我的理念：栽在花盆里的树长不大，种在旷野的才能长大。他赞同我去首都谋求更大的发展。

初期我比较保守，只想按照一般印尼的兴化人思路，经营自行车零件的生意。首先我想到研究印尼自行车业务的网络，想知道泗水的批发商是首都哪几家进口商供应的、批发价多少。后来才知道首都的货源是来自棉兰市（Medan），到了棉兰才知道货源是来自亚齐省（Aceh）的浪莎县（Langsa）。我又一路追到浪莎县，以为那必定是一个大城市。哪里知道浪莎县是一个非常落后的小港口。整条都是泥路，凹凸不平，车轮必须拴着铁链以防滑倒或陷入泥沼中，一路上车子摇摇摆摆，颠簸起伏，车速大约每小时跑20公里。路上有三次车轮陷入泥坑里，要雇人推动才能前进，路程只有将近200公里，但足足走了8个小时。浪莎县只有两条小街，但有好多家小客栈，每天都客满。客店里的水是浊黄的并带着一些咸味，臭虫满床，蚊子猖獗，真是难受。但市镇看起来非常兴旺，车子进进出出忙得很，外地来的人据说比本地人还多。码头不大，货仓堆满了货箱，连空地都堆积如山，用帆布遮盖着。让我惊讶的是，生活条件那么差，但来的人却那么多，更让我不能理解的是，为什么货不由雅加达或泗水进口却从这个偏远的小港口进口，再寄到雅加达与泗水，百思不得其解。

经过几天的查询才知道，这里的海关课税是包箱计税，进出非常方便，实际上就是非正式的自由港。怪不得商人们不怕麻烦，在这个极端不方便的港口经营进出口生意。我稍微计算，在这里经商可以赚到50%的利润，很有吸引力。

我在想，应该寻找一些体积小但价值高的商品，买卖就会更有利润，比如高级纺织品、电子产品，这要比经营自行车零件更有利润。

回到雅加达后，我立即收集各种畅销且价格高的商品信息，然后到新加坡调查行情以便决定业务。

雅加达与泗水好几家大的自行车批发商，据说每个月都去新加坡采购货物，他们买好了货物就由新加坡的商家包到去浪莎县的货车上，付他们固定的佣金。这些商人一到新加坡机场就有一大批当地商人接机，送到酒店。据说通常的安排是：先休息几个钟头，然后请去吃晚餐，再去夜总会，晚上由舞女陪睡，到次日中午才起床。起来后，一大批新加坡商人又请吃午餐，然后再休息，睡起来后又是吃晚餐，再去夜总会，每天如此，直到第六天才昏沉沉地与新加坡商人购货，也不讲价，第七天就回雅加达。当时新加坡移民厅只允许印尼人居留六天，第七天必须离开；否则他们可能永留新加坡，乐不思蜀。

我姑婆的儿子，就是我父亲的表弟黄亚信，是新加坡第二大的自行车批发商，也是远东银行的副董事长，做人很谨慎，不轻易相信人，非常保守。他是我新加坡唯一的亲戚，我到新加坡都住在他店里，准时回店用餐，他经常与我聊天，探听印尼的经济与政治，也很关心我的生意。那次从浪莎县回到雅加达后，我就到新加坡找他，请教他关于从浪莎县进口货物的业务，他很熟悉，给我很多指导，受益良深。我告诉他，我要进口的是体积小、价钱高的商品，比如高级纺织品和电子产品等等。他很赞成并替我介绍批发商，又替我担保赊货，我进口了两次，赚了大约 20 万新币。这是第一桶金，我是向天借路，就此洗手。后来表叔对人讲："这个表侄将会有大成。"据说他从来不替人担保，这是第一次破例帮我担保，我永远铭记于心。我用 6 万元钱购置了 Krekot Bunder 区的店铺，然后把丽梅及一儿一女正式移居到雅加达，从而奠定了我的事业基础。

从棉兰寄货到雅加达非常不方便，运费也很贵，引起我经营岛际航运的兴趣。经过调查研究后，我决定买一条 90 多吨的木船航行于巨港（Palembang），因为这条航线最热闹。但事与愿违，别人的船都是满载，而我的船没人租，闲置在雅加达的一个小港口，四处奔跑都无效果。后来我去请教我小学的杨秀莲老师的先生汪大均，有没有朋友经营雅加达港口与苏门答腊岛各港口之间的业务，他马上给我介绍许乃昌先生。许先生在淡比拉汉（Tambilahan）有分店经营橡胶与椰子的生意，业务非常好。人家告诉我雅加达有三个昌：许乃昌、林德昌、

黄源昌，人家都说"无昌不成事"。我找对了人，许乃昌是一个非常
殷实、谨慎、乐于助人的商人。他立即安排我去淡比拉汉，住在他店
里，由许先生在当地的经理陪我去拜访淡比拉汉与 Rengat 两地的商
家，他们有很多货运。我向当地商家介绍我的船运公司以及定期航行
的政策。我亲自在码头监督货物的上下船，尽量保证货物不破碎损坏，
并亲自随船到 Rengat，以便充分掌握船上的作业，并指导如何卸货，
以及保证船上没有偷窃的行为。我了解船员的背景，定好奖励策略。
随船走了三次后，我与船员打成一片，并充分掌握航程的细节，成了
淡比拉汉与 Rengat 两地商人最信赖的船运公司。不久，货运越来越多，
多到无法应付。因此我就到巨港各地租船，在一年半里由 1 条船变成
拥有 17 条船，我的船运公司是鱼市（Pasar Ikan）港口最繁忙的，不
久后我自己再买了一条船，业务蒸蒸日上。这是我第一次成功发展业
务，从无到有，从小到大，我非常自豪。

## 梦想成为银行家

念小学时，从家里去学校必定经过一间欧式的建筑物，特别壮
观，里面的人都衣着整齐且神气十足，非常忙碌，但店里并没有什
么商品出售，我很好奇。有一天，去问罗校长那间店是做什么生意，
他问清楚有关的地址后告诉我，那是一间荷兰人开的银行，并解释
银行的业务是向社会吸收存款，然后以更高的利息把存款放贷给需
要资金的商人，银行从中赚取利润。银行业是社会资金的集散地和
商业运作的中介，许多商人都要靠银行支持，所以地位很特殊。

当时我听了一知半解，银行把一些人的钱通过银行的手借给另外一些人，把钱拿来拿去就可以赚钱，但又神气，真是个好生意。但我起了一个疑问：罗校长很能干，懂得银行作业，但为什么不去开银行却偏偏要当生活很清苦的校长？我心里在想，将来长大后应该选择做一个银行家。我想到这里，心里很兴奋、很激动。因此常常路过银行都要停留一下，向往里面的动静，憧憬未来的日子。

随着年龄的增长，从书上和报纸上懂得更多有关银行的事情。只要有银行的事情我必定注意细读。邹韬奋写的《萍踪寄语》也谈到银行的问题，银行的事业已经成了我的梦想。

## 银行的商品是信用

有一位同乡王亚禄（原来是一家农产品的经营商）是印尼兴化人之首富，后来他联合一些同乡开了一家大东银行。没过几年，这家银行成为印尼最大的商业银行，几乎所有的雅加达华商都是他的客户。王亚禄先生的学历并不高，却当了该行的董事长，长袖善舞，经营有方。他的成功更坚定了我从事银行业的信心。

我的邻居兼同乡陈德发先生原本是经营自行车的，后来就在自行车店原址（我家的隔壁）开了一家银行名叫 Bank Benteng。陈先生也是很有本事，在短短的三年期间就把银行发展得很好，陈先生也没有学历，他原来经营的自行车店并不是大店，并且就在自行车店原址改成银行也成功了。这又坚定了我从事银行业的决心。如果他们能，没有道理我不能，从此我向一些有潜能的朋友讲述开银行的道理与理念。

父亲听说我要开银行，他很担心，怕我好高骛远，不踏实，警告我不要盲目从事，做人要务实才能立足，开银行需要大资金，谈何容易！我怕他担心，所以都要很轻松地给他讲解我对银行业的理念来说服他。

其实银行业的本质只是一个中介，把某些人多余的资金，或暂时不用的资金吸收起来，并每月付给他们固定的"资本的租用金"，一般人称为"利息"，然后把这些资金以更高的利息借给需要资金的商人，从中赚取利息的差额——实际上就是中介人的佣金。这并不是买卖资金，因为如果买卖，那就是把物资的所有权卖断给他人。

所以银行的核心功能就是中介，中介别人的资金主要是靠信用。因此银行是经营"信用"的买卖，不是经营"钱"的买卖，只要我有信用我就可以成为银行家。如何包装信用，如何坚持信用，这就是银行家的基本原则，换句话说，银行的商品是信用。

在考虑与分析银行业务性质的过程中我至终得到一个理念：搞企业必须深入研究企业经营的商品其本质是什么，知道商品的本质后就知道如何去发掘它。比如银行的商品是"信用"不是钱，钱只是信用交易的工具，是凭信用去面对有多余资金的商人，并租赁他们的钱，然后转借给需要资金的用户。知道了这个秘密或原则，所以银行最主要的经营原则就是守信用，是表达自己的信用，要远离冒险性的业务，要远离赌博性的业务，那么你就可以成为一个银行家。

再举一个例子：酒店的本质不是租房间而是旅游业，如果我们把酒店定位为"租房间给旅客"的生意，那么你选择作为酒店的位置必须是市中心，这样就把自己限制在一个小范围内。但如果你把酒店的商品定位为旅游，你不仅可以把酒店开在最繁华的市中心，也可以到风景优美的地方去开旅游酒店，提供与旅游或会议等有关的生意。你的业务范围更广阔了，成本更低了，盈利更大了，并且你可以无限制地扩张业务。

所以把银行的商品定位为信用，信用是没有范围的，它可以无限扩张和无穷复制。我抱着这个信念去发展银行的业务，坚守信用的原则让我有了成功发展银行业务的思想基础。

## 骑马追马

上面讲到银行的商品是信用，接下去的问题是我年纪轻，初进商场，商场关系少，有谁信任我呢？信用是要通过时间与行为记录积累起来的。我年纪轻，在雅加达人生地疏，如何取得信用？

我想起玛琅的小山镇巴渡（Batoe）是风景区，那里可以租马骑游。马主总是跟在马后追赶，追得很辛苦，也追不到。如果说他也骑匹马，跟随那就容易多了。这给我一个启示，要追信用，必须找社会上有信用（有地位）的商人去显示信用。应该骑了马去追另一匹马，才能事半功倍。

1959 年，开银行的曙光来了。有一位同乡吴文荣听说我想开银行，一天他来找我，介绍了一家繁荣银行（Bank Kemakmuran）的业主安迪·嘎巴（Andi Gapa）先生，他是当时工业部长安迪·扎苏夫（Andi Jusuf）的胞兄，他们是望加锡（Makasar）地区的望族，为人信实，但经营不善导致该银行陷入困境，他们愿意引进外人参股共同发展。

当时这家银行的总资产大约等同于 300 万美金，资本金是 10 万美金，加股的条件是新股东注入 20 万美金可以获得 66% 的股份。我同意这个条件，但要等候财务尽职调查后才注入资金。

谈好条件后，我马上去见吴文荣的父亲吴亚土及其舅父李亚梅二人。我游说他们两人加入，并请他们介绍客家帮的巨子丘和中、兴化帮的李亚灿以及福建帮的林聚善（外号"大哥"）也加入。他们推举我当董事长兼总经理。从此我实现了我的梦想，成为一个银行家。

担任银行总经理的第一天，同事们呈给了我银行的财务报表，我摸索了一整天也看不懂，但又必须装懂在财务报表签个字。因为我知道自己不懂，所以必须找一位懂的人来管财务，大家分工，我负责业务。最后我成功劝说大东银行的外汇部主任杨定榴先生担任我的助手，掌管财务及银行行政。就这样繁荣银行以新的生命、新的姿态出现在社会上，在短短的 16 个月内，我让繁荣银行起死回生，业务蒸蒸日上。

我不懂会计，但成为银行家必须要懂，因此我请了一个渣打银行（Charter Bank）的会计主任教我会计，学了 6 个月仍然一知半解。最难就是贷方（Debit）必须同是借方（Credit）。贷方和借方的确把我搞晕了，我才发现原来自己如此蠢。但我不灰心，为了要做银行家我必须学会看财务报表，理解会计。所以我决定不耻下问，下到底层的职位，一一观察学习，经过 3 个月时间我终于了解什么是贷方与借方。学会了会计理论，再深入研究银行的作业，我发现有许多作业流程不顺畅、不理想，再请教杨定榴以及其他的银行专业人士不断予以改进。经过一年多的时间，才真正了解银行的作业，我才具备了管理银行的经验。这以后，我才大胆并专心发展银行业务。首先我采取先易后难、从小到大、由近而远的逻辑来发展业务。第一步我请各位股东和经理列出自己熟悉的朋友和亲戚，尽量争取这些人成为银行的客户。第二步又请这些客户介绍他们的客户与亲戚朋友来银行开户。其次再研究客户最需要的服务是什么。我们逐一研究与分析每一项服务的工作流程，提出最合理的服务方法，提供最合理的收费。如此孜孜不倦地工作，在短短两年内，繁荣银行已成为雅加达有声誉的银行之一。

银行开始发展了，可是发现一些股东做了不明智的事，有些年轻的股东开始整夜跟客户流连在夜总会，次日对有关客户的透支行为，磨不开面子，不分青红皂白予以通过，这将来必定会造成呆账。年长的股东又开始经营银行中的银行，藉银行的框架吸收私人存款，放自己的贷，发生呆账就把它转给银行，让银行吃亏。屡戒不听，最后我决定离开繁荣银行。我从繁荣银行学习了银行专业的知识，也体会到了人性贪婪的本性。因我自己无力改变当时的状况，只好让位并离开。

这是我的成功，亦是我的失败。

离开了繁荣银行，我必须寻找更好的银行伙伴、更有实力的商家成为新银行的伙伴。经过研究，我想到杨秀莲老师。她是椰城华侨妇女会的主席，她的丈夫汪大均先生是印尼华侨总会的秘书长，汪先生交游广，朋友满天下。因此我找他说明原委，请他帮忙介绍印尼殷实的企业家共同发展银行业务。在一般人的意识中，总认为做银行事业必须是大资本，所以都不敢妄想。我耐心地向汪先生说明开银行的道理，他认同了我的看法，大力推荐我给黄源昌先生认识。黄源昌先生就是"无昌不成事"里的一位，当时黄源昌是印尼布商公会主席，布商是印尼最大的一个行业，他喜好网球，家里有网球场，经过汪大均介绍后我每天早晨必定到黄源昌家里打网球。在这期间，我设法介绍与解释银行对华商发展事业的重要性与必要性，并且重点解释银行的商品是信用不是金钱，只要有信用就可以开银行。经过几个月耐心的解释，第一个听进去的是林德昌，所以他就大力说服黄源昌，又连同说服当时最大的华侨土产商陈江苏和陈松基先生，最后大家同意合作经营银行，股东是陈江苏、陈松基、黄源昌、林德昌、汪大均和黄哲禧等。这几个人里有印尼的咖啡大王、胡椒大王、橡胶大王、布业大王和玻璃大王。我被委任为创办人及总经理去收购银行。实际上，当我离开繁荣银行时已经找到了一家宇宙银行（Buana Bank），是我玛中校友开的，经营不善，终日缺钱，连年亏本，基本上已谈好条件。后来达成协议我被授权收购银行，就把这家银行收购过来。

## 宇宙银行的故事

1963年，宇宙银行正式开张了，我照着发展繁荣银行的业务经验，采用先易后难、由近而远、从小而大的策略。首先请求各股东草拟自己的客户名单、亲朋好友的名单，争取他们及他们进一步介绍的人成为银行客户；然后逐步展开招商，刊登银行开张广告，存款利息比别家银行高半厘，放贷利息比别家银行低半厘，并拟就了比别家银行更多、更齐全的金融服务；培训员工，提高银行服务素质，更新所有银行的支票样式和账单格式。让人感到一片清新，斗志昂扬。经过一年多的共同努力，宇宙银行已经成为印尼最大的华资银行，分行分布到万隆（Bandung）、三宝垄（Semarang）、泗水（Surabaya）、玛琅（Malang）、望加锡、梭罗（Solo）、巨港、Telok Betong 市、北干巴鲁（Pekan Baru）、占碑（Jambi）、棉兰、万鸦老（Manado）等地。宇宙银行也与国家贸易银行（Bank Dagang Negara）合作开发外汇业务，业务蒸蒸日上，我获得全体股东的赞许与信任。在这里必须感谢汪大均先生对我的信任，经常在股东之间解释各种误会，使得股东们非常和谐、团结，宇宙银行才取得惊人进展。

前面说过，印尼的独立是经过战争而得来的，不像其他东南亚国家是由殖民地政府赏赐的独立，印尼从 1942—1945 年的日军侵占以及从 1945—1950 年的独立战争，前后总共经历了八年半的战争破坏。从 1950 年开始，印尼共和国是基于零起点建设民族经济，又经过了多政党的政治斗争，所以经济面临多重打击，到了 1965 年通货膨胀达到 600%，市面的利息已经达到了月息 20%，民不聊生。苏哈托借"九·三〇事件"之机夺取了政权。在印尼大学课堂里，我从几位印尼的海归派教授那里听到政府有意大力改革经济制度，自由开放，这些计划也取得国际货币组织与世界银行的赞同。我对这个改革会成功很有信心。

面对经济将自由开放的压力，经过深思，我决定采取银行策略改革的计划。主要考虑的因素是，通胀时期是卖家的市场，安定时期是买家的市场。1965 年以前，因为印尼面对恶性通胀，商人手上有货可以随时变现还银行的贷款，因此当时的放贷多数是以无抵押的信用放贷，借高利息贷款比起物价高涨还更合算，所以当时很少有坏账。

我意识到，如果经济自由开放后，制度改善，物资充足，通胀得以控制，物价下跌，肯定会使所有采用借高利贷囤积居奇手段的商人，全部铩羽而归。鉴于此，我向董事会提议：采取先人一步，降息求保的新贷款政策。董事会不同意，深恐在目前银根奇紧的大环境下，降息会使银行银根短缺、周转失灵而面临危机。

实际上，我的降息策略并非鼓励客户借贷而可能导致周转失灵，我的降息实际上是以降息换取抵押品，使所有放贷有合理的保证，从而把抵押品的价值与放贷数目之间的比例争取到最高水平。我们登报说明：

宇宙银行为了提高客户服务，自下个月 1 日起把贷款利息降低为月息 12%；所有本银行的贷户必须从即日起先还清旧贷款后再新签借贷合约，而享受 12% 的机会，本银行也欢迎各界新客户具备充足抵押品向本行融资。

我很有信心，这个放贷新策略会引起轰动，大多商户都会因好奇而来开户存款，其后盼望能得到 12% 利息的贷款，这 12% 放贷利息是比当时市价 24% 利息低了一半，必定会引起广大群众的正面反应。

最后董事会同意了。我起草登报，消息一出，每天新的客户排队到银行存款开户，银行的存款在 3 个月激增了一倍。旧客户都还清旧贷款并拿足够的抵押品争取 12% 的新贷款。从此，宇宙银行的贷款都变成具有充足抵押品的贷款。宇宙银行顿时成为很健康的银行，同时又成为资金很充足的银行，从 1962 年到 1965 年短短三年时间，宇宙银行已成为印尼六大银行之一。

　　1966 年，印尼苏哈托新政权果然采纳了一些海归派学者的意见，推行了经济制度改革、自由开放的政策，物价大跌，盾币上升。这个新形势引起印尼的银行界坏账大涨、资金失控，到处发生挤兑，当时每天都有一两家民营银行倒闭。风声鹤唳，市场动荡，到了第 17 天，印尼中央银行不得不采取救市行动，当时我旗下的宇宙银行、繁荣银行与印尼工商银行( Bank Industri Dagang Indonesia )得以幸免。

　　1962—1966 年间，吴文荣先生做人太重感情，放贷不严，导致连续发生了三次银行危机，都由我协助解救危机，经常给予融资。当 1966 年印尼发生银行大危机( 大风潮 )时，繁荣银行又陷入关闭的境界，无奈我只好把银行接管过来，仍然由吴文荣经营，放贷由我监控。

　　在同一时间，有一家由同乡何清源先生经营的印尼工商银行也发生危机。同乡们找我拯救，最后我为了大局又把它接管过来。当时我岳母听到这消息连夜赶到椰城，执拗地要求我分给内弟李文光与李文明 25% 股份。最后我同意了这个要求，也看到这两个兄弟很灵活，会做事，所以也委任他们二人成为董事兼经理。

　　不久，印尼政府采取银行开放政策，允许有资格的商家申请新的银行执照。我岳母又要求在泗水以印尼工商银行名义开设新银行，并要求给丽梅姐夫的儿子李振亮参股并担任该行经理。所以当 1966 年发生印尼金融大风潮时，我手上掌握有四家银行，面临的压力非常大。在将近一个月的时间内，我每天几乎只睡两三个小时，日夜东奔西跑要求大客户们还回部分贷款，以解燃眉之急。我也由此一鸣惊人，被喻为银行的救星。四家银行都被认为是健全的银行，从此业务大振。

# 泛印银行的故事

1966 年印尼的银行风暴主要原因是当时的银行数量太多，资本金太小，抗风险能力太弱，并且缺乏管理人才，经营不善。加上印尼银行（中央银行）监管不力，又逢恶性通货膨胀，物价暴涨，商人大量举债囤积居奇，导致银行的银根奇紧，同行借贷利息高达每天 2%，导致了银行风暴。当时，每天都有两三家银行倒闭，风声鹤唳，草木皆兵，在 17 天里银行倒闭将近 20 家，最后印尼银行出手救灾，才得以恢复秩序。

为了预防风暴再起，我代表印尼银行公会与印尼中央银行和财政部共商对策。当时讨论的结果是：鼓励银行合并，如果有三间以上银行进行合并并能增资到 2 000 万美元资本金以上的，将给予外汇营业执照。印尼银行总裁 Radius Prawiro 先生大力推动我进行首家合并，因为他知道我掌握了四家银行：宇宙银行、繁荣银行、印尼工商银行和泗水印尼工商银行。

我马上与四家银行的股东商量合并的事，繁荣银行、印尼工商银行、泗水印尼工商银行股东都同意合并，但宇宙银行的股东不同意。我尽了很大的努力但无法说服他们，最后只好三家银行合并，改名为泛印银行（Pan Indonesia Bank），是印尼历史上第一家合并银行，并同时成为印尼共和国成立以来第一家私营外汇银行。

当时印尼还没有关于企业合并的条例，银行的合并牵涉税务局和财政部的银行司以及印尼银行和国会。其中最难的一点是三家银行要合并，一方面，必须把各家银行的资产进行同等标准的估价，但资产重新照市值估价所造成的溢利必须交所得税，会造成银行的损失。因此税务局必须适应环境，修改法令。但是税务局并不太愿意，需要耐心解释与说服。另一方面，三家银行必须同时间进行股东大会，同意合并成立新的法人机构。在同一时间内，财政部与印尼银行必须撤销三家银行的旧营业执照，并立即发给"泛印银行"新执照。以上各个环节都有各自的困难，我必须有耐心地说服各方。我整整花了一年的时间最后才完成任务，实现了我的夙愿。

下面要讲述的是泛印银行 1971—1975 年的故事，照理应该编入第三个 20 年的范围内，但为了让读者在时间上连贯，我还是把它与前段的故事连在一起。

在筹备合并三家银行成为外汇银行的同时，我敦请印尼银行介绍与全球各地大银行特别是纽约的美国银行（Bank of America）、花旗银行、美国化学银行（Chemical Bank）和艾尔文信托银行（Irvin Trust Bank）等进行交流，建立通汇协定，并争取获得少数的融资以支持信用证（L/C）业务与汇兑业务。同时我也已准备在印尼全国各大都市找地点开分行，培训员工，学习提供新的金融服务，设计新潮流的支票以及各种发票的新格式，并且改建繁荣银行的旧行址成为崭新的办公总部，内部布局与装修都以花旗银行为模式。我把泛印银行改建成为印尼最新潮的大银行，以全新的姿态面世，全体职工都被新事物所感染而产生新的服务精神和新的斗志，一片赞扬，一片祝福，业务一日千里。在短短的一年时间内已超过宇宙银行成为印尼最大的私营银行和最赚钱的银行，在印尼的银行界起了模范作用，带来了新希望，我非常自豪。

泛印银行正在蓬勃发展的浪头上，在第三年突然间市面传开谣言，指责泛印银行勾结税务局，提供雅加达钢材商的银行往来资料进行逼债。谣言一出，客户纷纷提款并销户，情况演变得非常严重，泛印银行面临银行业最不愿碰到的情况——挤兑。

经过深入调查才知道，这是泛印银行的两位股东兼董事，在银行里经营"行中行"，私自接受客户存款然后转贷给银行的钢材商客户。孰料经济遭遇不景气，客户发生财务危机，无法还债，这两位董事就把这些呆账转移给泛印银行，让银行承担死账，然后用银行的名义正式通过检察机关进行诉讼，又通过税务局讨债。税务局在办案搜查钢材商的文件中发现，这家钢材商与其他同业的业务来往巨大，但都没有报税记录，因而牵连到不少钢材贸易商同业。谣言因此而起，导致挤兑，银行面临无法形容的困境与伤害。最终是请印尼银行协助才终止谣言，停止挤兑。

这两位股东兼董事不但搞"行中行"，而且还串通银行的职员挪用银行公款作为私用，差点导致泛印银行的汇票被国外的通汇银行以存款不足的理由而退票。除了上述违规行为危害泛印银行之外，他们还参加锡锭和橡胶的走私，真是胆大包天。他们屡诫不悟，屡劝不改，无法再继续合作下去。

面对这个难题最简单的办法是报警。可是经过认真的思量，一旦报警就等于向外宣布泛印银行内部的弱点，极容易被外界误会进而被渲染成为极端混乱、不正派的银行和危险的银行，极可能又引起一次挤兑。这不但危及泛印银行本身，而且也可能危及整个印尼的银行界，对印尼正在建设经济的关键时期冲击太大。考虑再三，最后我决定放弃泛印银行，我有足够的信心可以再发展一家比泛印更大的银行。我只祈告求天怜悯保佑泛印银行，希望借着我的离开能够使他们觉悟而自行走上正道，造福社会。

当我决定离开泛印银行的时刻，我问自己要成为一个成功的银行家还是好的银行家。成功的银行家意味着只要客户能够提供足够的抵押品，敢于还更高的利息就给予贷款，不计较这笔贷款的用途是什么。银行赚钱发展了，即使客户利用这笔贷款进行走私活动，开赌场，做危害社会的商业，破坏环境，我都不在乎，只要能够取得更高的利息。做一个好的银行家，必须做到每时每刻都在计算如何减轻客户的负担，如何利用社会存款、通过客户制造更多的就业场所，每年让千千万万的人有工作可做，使这些人活得有自尊心，活得愉快，活得健康，也协助客户渡过难关，协助客户发展业务，让他们赚更多钱，再通过客户的手，缴更多的税，使国库充盈，使国家能做更多的基础建设，提供更多的医疗服务，更多的教育设施，从而实现国泰民安。

我对自己的回答是：做好的银行家，这是我的抱负。


## 父亲的教诲


1958 年秋天，父亲的身体开始消瘦，并且一吃东西就反胃，接下去没有食欲，吃了就吐，起初医生诊断是胃病，但总是不见疗效，连续换了三位名医都没有好转，病势也越来越重。最后到泗水看一位名医，照了 X 光才发现已是食道癌第三期，体内烧痛，必须用冰块凉身并打吗啡针止痛。起初一天打一针，后来是每两小时一针，西医医生已坦白讲无法治疗。我们只好找中医治疗，从中国的中医到新加坡的中医都试过。后来听说玛琅乡下有一位印尼巫师能治癌症，也特地专程邀请他来椰城替父亲看病，可是病情不断恶化，全身疼痛，呻吟喊苦。眼看老人家受苦我心里极端难过，但又不敢坦白告诉他患的是绝症，怕他心慌，所以父亲误会我不关心他，不请西医给他看病，常常恼火大骂。我实在不忍看他病痛的样子，加上心情痛苦，最后我鼓起勇气，坦白跟他说明他患的是食道癌，医生已经束手无策。经过解释后，父亲怪我不早点跟他讲明，他立即变得心平气和，不再发脾气。第二天早上，他要求吃泻药洗肠，然后他坚持不吃药不进食，他说他认命了。两天后，父亲永远离开了我们。

想起父亲41岁就丧妻，但为了怕我受后母之苦，不再结婚，并且无微不至地抚养我，照顾我，教育我。晚年他病了，我却无能为力，不能尽孝服侍他，只能内疚自责。父亲姓李名亚美，号承富，1898年9月28日生于中国福建省莆田县江口镇新店村，卒于1959年8月22日，当时在家中停柩七天后葬于印尼东爪哇省玛琅县与母亲大人同墓。

父亲病重的最后两个月中，为了照顾他，我几乎完全停止商业活动，只有售货没有进货，卖得的货款都存入银行。俗话说："福无双至，祸不单行"，就在父亲病逝的次日，政府颁布了货币改革措施：凡是客户在银行的存款都要剪掉3个0，换句话说，就是把客户存在银行的钱减去3个0，剩下千分之一，但欠人的钱必须如数照还，物品也必须以千分之一的原价出售。我就这样陷入了第二次破产。

当时我的措施是迅速把小额欠款厘清，只剩下三个大额债主，然后我把困境向他们说明，并愿意把我住的房子与存货给他们三位作为抵债。我的诚意获得他们的同情，他们不愿接受我的货物与住宅，但马上停息并给我两年时间还债。我感谢他们的好意。

当时商场一片混乱，物价与进口成本背离。经过深入研究后，我相信经过一年半载的调整，物价应该会同进口成本吻合，市场才能进入正常。所以我坚持不到进口成本不卖货，大约 6 个月后我的判断对了，物价开始恢复到正常的价位，比进口成本高了，我才开始售货，并提早还清了欠债。又过了两年，我的业务已恢复生机，我有了钱补还给三位债主利息，虽然他们已讲明免息，但我一直记住父亲的教导："不可亏待他人，不可贪人的便宜。"

## 丽梅的妻道与母道

在失败的时候，求财不能心急，更要心平气和，无欲无求，仔细分析形势，等待机会。当时我把生意失败的事告诉丽梅，请她节约，支持家庭。她很同情并安慰我、鼓励我，暗中把几块积存的布料，裁成小童衣拿到新巴刹区百货店去寄卖。丽梅以前是不懂裁缝的，但紧急关头竟能创新创业。童衣非常入时，销路很好。起初她自己日夜裁缝，后来生意扩张，她请了一位缝工协助，逐步地增加，6 个月后家里有了 100 多位工人，后来还发包给邻近的家庭妇女缝制，业务蒸蒸日上。丽梅不辞辛劳，替我分忧，让我有机会去筹备银行业务。

前面说过，印尼的独立是经过流血征战而获得的，不像其他东南亚各国的独立是因大环境压力下殖民地政府出于无奈而和平过渡的，因此印尼人民更有政治意识，独立后出现了 48 个政党。政党间斗争不停，加上当时苏加诺总统思想倾向社会主义，反对帝国主义、反对资本主义的意识很强，因此受到西方国家的敌视与排斥，加上印尼又与新加坡和马来西亚对抗，四面楚歌，造成经济萧条，恶性通货膨胀，物资奇缺，商品每日涨价，民不聊生。政府不得已在1955年到1959年期间采取了上述两次的货币改革，第一次是钞票腰斩，第二次是钞票与银行存款贬值，剩下千分之一（减去三个零）。上述两次政府货币改革都使我陷于破产，两次破产都是靠丽梅做家庭手工业支持我渡过难关。丽梅的贤惠，也真正感动了我父亲，由初期的反对到后期的疼爱。也因丽梅的孝顺照顾，父亲晚年的生活过得很幸福、很愉快。丽梅替我报答了父亲养育我的大恩。

# 第三部分

## 第三个 20 年（1971—1990 年）：
# 在经济全球化大潮流中发展事业

# 经济全球化的大背景

中国人说,孩子讲"明天",青年人讲"今天",老年人讲"昨天"。"昨天"意即已经过去的,是历史,是故事。中国人说"继往开来",很多昨天的事可以启发我们的智慧去做更多好事,也可以借鉴从而避免做坏事,更可以从中汲取教训而避免败事。所以老人家讲一些往事也是好事情。

我童年时常常想不通:为什么一小撮白种人(特别是英国人)竟能打败4亿人口的中国,并占据了许多中国的重要城市?比如上海、武汉、天津、大连、香港、厦门等。英国人又如何用少许的军队殖民了非洲、北美洲、加勒比海的主要部分,和新西兰、澳大利亚、新加坡、马来西亚、印度、巴基斯坦、缅甸等地,绕了地球一圈又回到英国。英国人说,凡是有太阳的地方就有英国国旗,号称"日不落帝国",究竟英国人是凭什么而有此能力?

1971年我游历美国时,在洛杉矶的机场书店看到了一本阿尔文·托夫勒(Alvin Toffler)写的新书,书名是 *FUTURE SHOCK*,中文译作《未来的冲击》;1980年此人又写了另一本书,书名是

*THE THIRD WAVE*，中文译作《第三次浪潮》；1982 年我又看了美国著名未来学家约翰·奈斯比特（John Naisbitt）写的一本书，书名是 *MEGA TREND*，中文译作《大趋势》；1993 年我又读了一本由美国著名经济学家彼得·F. 德鲁克（Peter. F.Drucker）写的 *POST CAPITALIST SOCIATY*，中文译为《后资本主义社会》。

把这四本书连贯起来，可以读出人类的进步与推动力改进的关系。从人类了解到人力的功能起，就开始有族群之间的战争，其目的是俘虏敌人用作奴隶。很久很久以前的年代里，人类开始有了奴隶社会，直到一百多年前的美国还是如此。今天世界进步了、文明了，可是人力仍然是经济学里最重要的课题之一，即与经济发展有关的人力资源成本。人类从发现与利用人力作为经济发展的动力后，又发现了牛力、马力，然后风力、水力，直到公元 18 世纪英国人发现了蒸汽动力，而连带发明了蒸汽机、火车、火轮等。从那时起人类的生产力空前上升，把人类带进了工业革命的时代，也是英国成为世界霸主的时代，是白种人殖民世界的原因，是 12 世纪意大利洛伦佐·德·美第奇（Lorensa Medici）从希腊引进学术而开始所谓的文艺复兴的成果。基本上，白种人兴起并能征服世界的根本原因就是教育和科技。

19 世纪美国人发现了电力，又把人类带进另一个巅峰。美国的科技、教育、经济提升到更高境界，资本主义进一步发展，从而分享了英国人主宰世界的地位。

第二次世界大战的后果是欧洲所有国家都破产，国力衰退再无力统治世界，导致全球被殖民的民族大都趁机宣布独立。世界进入了一个新的局面，美国取代了英国的世界霸主地位，表现在美国的货币"美元"取代了英国的货币"英镑"成为全球的贸易支付货币，成为全球各国中央银行的储备货币，纽约取代了伦敦，美国的联邦储备银行（Federal Reserve Bank）取代了英国英格兰银行（Bank of England）成为国际贸易的清算中心。

第二次世界大战，美国是唯一参战但本土未受战争破坏的国家。美国是世界第一个拥有核能的国家，也是世界第一个发现微电子科技的国家。微电子技术衍生了数码科技（Digital Technology），朝向计算机科技发展；另一个模拟科技（Analog Technology）朝向通信科技发展，两者融合发展到互联网的领域，又因而能够自动化所有的机械，这些使得美国的科技空前发达。世界发生信息科技革命，而把美国带进了信息社会，美国的三角形社会结构变为菱形社会结构，上下层人数少，中产阶级人数多。美国的经济重点由北方的重工业经济转移到信息科技经济。从此美国的劳动力价值变昂贵了，劳动力密集型的工业无法生存，必须把劳动力密集型的工业转移到当时（1960年前后）西边的德国与东边的日本。不久东边的日本也发达了，进入信息社会，因此照样必须把劳动力密集型的工业转移到当时的韩国、新加坡和中国台湾、中国香港，大约15年后，这四个国家（地区）也发达了，成为"亚洲四小龙"，也同样进入了信息社会。

亚洲四小龙同样面临劳动力缺乏，导致了劳动力价值昂贵，必须调整经济结构，把劳动力密集的工业转换为科技含量高的工业，把劳动力密集型工业转移到中国和东南亚各国，而中国在35年间从农业社会上升为工业社会。今天，中国的沿海各省已经进入了信息社会，大多数的东南亚国家也已进入工业社会。

1970年开始，世界正式进入经济全球化的时代！

经济全球化的内涵就是工业产品在全球范围内进行非常细致的分工生产，把单一种产品的工序或零件分拆而包工给全球各地的工厂去生产，然后再集中一处予以组装成为一种商品。

纽约的犹太商人设计了一款服装，他向中国或印度买布匹，然后寄到意大利或日本去印染，再寄到中国香港、台湾或上海去裁缝，制作成衣，再由纽约销售给全球各地。同样，美国的电子商品制造商把电子零件交给中国台湾或韩国、新加坡去生产，然后再集中于某地予以组装后销售到世界各地。这种全球性的合作产生了巨大的海运流量，也产生了巨大的资金流量以及各国货币的汇兑交易。为了避免外汇汇率变动导致的原料价格波动，而衍生出各种各样的期货交易，其每日的交易量大得不可想象。这些交易大都在纽约进行，纽约是全球资金的供应源，是全球资金的集散地，成为全球的金融中心，这就是经济全球化的本质。

上述全球性的分工生产机制，把西方的生产技术和科技知识潜移默化输送到东方，最终将世界经济中心从大西洋盆地转移到太平洋盆地。以美国和中国为核心的太平洋盆地经济是 21 世纪全球经济的重心。

当韩国、中国台湾、新加坡和中国香港锐变为"亚洲四小龙"的时候，泰国与马来西亚两国趁机自由开放经济，迎接经济全球化的进入。然而，印尼苏加诺政权时代仍坚持民族主义经济，自我封闭，加上政治与金融的动荡，导致经济落后，呆滞不前，直到苏哈托总统上台政权稳固后才进行经济自由开放政策，把印尼带进了经济全球化。

如何迎接经济全球化是我一生第三个 20 年的功课。

# 建立一家支付清算中心

泛印银行的股东是幼稚、无知、短视的，非我长远发展银行的伙伴，我用了几个月时间去反省、探讨、沉思，过去的 15 年银行家生涯究竟得到的经验是什么？未来要发展的银行应该是一家什么样的银行？

在经济全球化的进程中，我们可以看到的是 18 世纪英国人发明蒸汽机而殖民全球，英国人成为世界上最大的贸易商，主宰世界贸易与经济，最终英镑成为全球商品的定价货币，英格兰银行就自然而然地成为当时世界贸易的支付结算中心，而英镑也成为国际中央银行的储备货币。英国人可以享受无利息的国际资金，还可以发行信贷，英国成为从 18 世纪到 20 世纪 50 年代的世界霸主。

第二次世界大战使整个欧洲受到战争破坏而经济衰退。美国是唯一没有受到战火破坏的国家，经济兴旺，国力强盛，最终美国取代了英国的世界霸主地位，成为世界上最大的贸易商，进而到了 1960 年前后，美元取代了英镑的地位，美国联邦储备银行取代了苏格兰银行成为世界贸易的支付结算中心。我们从一个国家的范围来观察，也可以看出各国的中央银行所特有的贸易支付结算中心，其威力是无法形容的。

观察上述情况，我的结论是：未来我要办的银行应该是印尼中央银行以外的第二个支付清算银行。而泛印银行股东的短视与见识绝对无法让泛印银行成为支付清算中心，所以我平心静气地离开了泛印银行。

如何建立一个印尼中央银行之外的第二个支付清算银行成为我的下一个计划、任务和目标。

我观察到印尼当时经济能量最大、最广的是香烟行业，香烟行业涉及人口多、市场广且产业链长。我的结论是，谁掌握这个行业，谁就有机会成为印尼的第二个支付清算中心。这是我的目标，将来的银行伙伴（股东）应该是与此有关的企业家。

1975 年 5 月 1 日，我终于能够平稳地退出泛印银行，胸有成竹地去另闯世界。事情竟是如此凑巧，有一天我在去香港的航班上恰好坐在好友林绍良先生旁边。真是踏破铁鞋无觅处，得来全不费功夫。我意识到他正是主宰印尼香烟行业的人物。作为印尼政府授权的唯一的丁香进口商，林先生掌握着分配给烟厂丁香的权力，事实上林绍良先生掌握着印尼的丁香烟工业的命脉。他最适合成为建立印尼第二个支付结算银行的伙伴，通过他可以成功地把印尼的香烟行业集中在一个银行里来往，彼此支付，结算汇兑。想到这些，我喜出望外。

我们开始闲聊，谈及对印尼经济的前瞻和当前的政治动向，他也问及泛印银行的事情和我未来开发银行的计划。首先我把未来建立结算中心的银行思路讲给他听，并分析我目前身上具有的专长：第一，在 15 年的银行生涯里我累积了大约 500 名忠心的客户及数十万名客户名单；第二，在 15 年中我已领悟到银行的行政管理真谛；第三，在 15 年中我已培养了近 100 名的银行管理团队；第四，我结识了 5 家亲近的外国银行可以支持我的外汇银行业务；第五，我已接洽 5 家愿意进行合并的小银行，做好了变成外汇银行的准备。

林绍良先生非常直率，经过大约 3 个小时的意见交换后，他开门见山地邀请我参加他的银行。当时他有三家银行：第一家是 Windu Kencana 银行，是林家的旗舰银行，由林的胞弟林绍根主管；第二家是 Dewa Ruci 银行，由林的堂弟林万宗主管；第三家是中亚银行，这是一间正在困境中的银行，时任总统苏哈托的千金及公子各有 15% 股份，另有 10% 属于一位退役的将军，其余 60% 属于林先生的三位兄弟所有。他很诚恳地告诉我：可以自由选择三家中的任何一家银行合作，并无条件地持有 17.5% 的股份。

林绍良先生的诚意、大方和远见让我无法拒绝，我选择了中亚银行作为合作的载体。

## 中央亚细亚银行壮大的秘诀

1975 年 6 月，我走进中亚银行的大厅，主持第一次业务会议。会议的重点是重新编制中亚银行的组织结构并分配经理部的人事安排。在这方面，林绍良先生表现出极度信任我的态度，他的大方和诚恳令我感动。

在这次会议上，我也组织了一个 10 人的银行行政工作流程编辑委员会，由我担任主任，进行银行业务和行政工作的流程编制。在编制工作流程的过程中，我曾经参考了几家外国行政顾问公司编写的工作流程。顾问公司称之为 SOP（Standard Operating Procedure），他们的编写方法是以叙述文的方式编写：先讲述一个部门的工作单位的工作任务，接下去叙述每一个工作人员的任务与作业方式，以连续性或连贯性的模式逐条地说明。我发现，在同一条工作流程里有时会出现几次同类的作业方式，但必须不厌其烦地重复说明，并且说明的文字格式还前后不一致，没有标准化。因此一条简单的工作流程，会用十多页的文字去叙述。这种编写方法使得编制工作很繁重，因为如果中途发现某一节的叙述有错误的话，那么就必须从头再写；同时对每一个工作人员来讲，他们也必须从头到尾通篇阅读，分散了他们关注与自己相关的工作任务与作业方法的精力，让工作人员更加难懂自己的职责。我认为这种编制有不科学的地方，应该加以改进。

经过反复研究与思考后，我提出新的编制工作流程的方案：

首先，利用图表描绘一个工作流程，这图表是用多个长方形的格子按照工作流程顺序编排，在每一个长方形格子里简单扼要地注明每个工作人员的岗位与任务，如此可以一目了然，清晰地了解整个工作流程的分工情形。

其次，收集所有的工作流程中的作业方法，逐条对照，存异去同，就是把不同的、差异的作业方法逐条记录，把同样的作业方法合并成为一条作业方法记录。经过这样筛选过的作业方法都是各异的，然后再逐条纠正其叙述法，就成为银行所有工作流程作业方法的纲要，再予以逐条编号，把一个作业方法予以板块化。

最后，在上面第一点所述的图表中的每一个长方形格子下端用圆圈注明每一个工作人员的作业方法的编号，因此每一个工作人员可以根据编号去查读与自己有关的作业方法。

这种编辑工作流程的方法，其优点是：一、看了图表一目了然，容易理解；二、每一个新的工作人员也容易了解自己的任务以及如何作业，培训一个新的银行员工，有的岗位只用20分钟就能掌握；三、编制工作流程的编制法相对就变得简单容易；四、如果将来有需要删除某一个工作岗位的任务或者某一个作业方法，只要针对有关的某条说明提出来修改就行了，而不需要牵动全部方案。

在编制工作流程的基础工程中，有一点很关键的奥秘，却很容易被人忽略。有一些工作岗位包含了多个工作流程，但从岗位的名称极容易被误解只是一个单一的工作任务或流程。这里举一个很简单的例子，比如银行大厅的出纳员（cashier），乍看起来他的工作任务只是单一的接受客户的存款，所以只需编辑一个工作流程；但深入观察后才会发现，客户的存款有多种不同的金融工具（或称为支付票据）。比如：①现钞；②外国货币；③本行的支票；④他行的支票；⑤本国的汇票和⑥外国的汇票，总共有6种不同的金融工具，产生了6种不同的处理方法，因此就必须编写6种不同的工作流程与之对应。通过这6种不同的工作流程就能非常容易地培训出纳员，更重要的是使编制工作流程的工作变得简单，也更轻松。这是编制工作流程的奥秘。

整个银行的流程编制工作在12个月内完成，完成后的工作流程具有下列10个功能：①经常复查工作流程，能发现有关部门老化的症结所在而找出整治方案；②确定每个工作单位的员工人数；③确定每个单位所需要的工时；④确定每个工作单位所需的材料；⑤根据第②、③、④项的数据便于计算产品或服务的作业成本；⑥编制预算案的计算根据；⑦成为工作流程信息化的基础（编制信息化系统的根据）；⑧成为控制每一个工作单位的依据；⑨成为标准化流水作业的依据；⑩每个工作单位的每日财务报表的依据。

这是一个基本工程，带给银行的益处却是大幅提高工作效率，运营上能节省大量的时间和费用，为银行的大规模扩张做好准备。要实现银行的快速扩张，还有另一个基本工程，那就是档案的管理。

上任后的第二天，我就到银行的档案室检查。档案室大约有4米宽5米深，里面好像已经有几年没有打扫与清理过。箱子上面、地板上面和柜子里面全都是一片散乱的文件，不同类型的和各个时间段的文件全都混杂在一起，文件上面还有一层薄薄的灰尘，天花板的角落结满了蜘蛛网。这现象令我惊讶不已：为什么经理部这么不讲究与不重视公司的档案？

实际上，档案是银行的根，也是银行的源，做好档案的管理可提高银行的效率和收益。完整有序的档案使得银行业务有据可查，能帮助业务的拓展。整理和保管档案的水平关系到未来中亚银行能否快速发展，是银行快速发展的又一基本工程。我立即组织一个6人清理团队，限令在3个月内予以整理完毕。

3个月之后我再去档案室检查工作，看到整理的进度很慢很慢，只好亲自下去观察并研究解决的办法。我发现进度慢是因为他们没有整理散乱文件的逻辑。经过一天的思考后，我要求预备15个空箱，每个箱子用大字写上一个年份（从1960年到1974年），然后把散乱的每一张文件按年份分类放到对应的纸箱中。如此经过大约20天时间，把档案室中的散乱文件全都装进了15个大箱子中。随后我又要求准备180个中型箱子，每个箱子编写上不同的年份与月份（从1960年的1月编号到1974年的12月）。箱子准备好后，从1960年的档案开始，整理成为1960年12个月的档案册。按此方法总共花了大约70天的时间，把全部15年散乱的文件按年月订压，分装成为 180 册的档案本，最后再根据年份装进 15 个大箱子里。就这样，档案室由脏污散乱变为整洁有序。

在银行业务中，会计占有十分重要的地位，发挥着相当重要的功能。作为一门学科，会计已有数千年的历史，发展得很成熟、很完整。会计可以提供丰富的业务信息给企业家，作为业务策略的指南；会计也可以提供完整的财务信息，作为分析某个社团或某国政府政策的指南。

会计还可根据不同的要求编制不同信息层次的会计报表。举一个例子：一家银行的损益表中它可以只简单地记录利润收入，也可以深层次记录这个利润是来自利息收入、佣金收入或者是外币交易收入等；再深一层，可把利息收入细化成楼房贷款利息、汽车贷款利息、长期贷款利息和同业贷款利息等。如果需要，还能进一步把楼房贷款利息细化为商业楼房贷款利息与住宅贷款利息。这仍然不够？那么，还可以把上述所有利息收入划分清楚是哪一家分行的。这么多的信息使得经营层能够充分地了解任何一家分行的利息收入情况以及业务情况，据此可决定应该给分行经理什么奖励，也可决定应警告某个分行经理需要纠正什么问题。

银行领导者和经营层根据会计记录来分析过去的业务，厘定未来新的业务方针并编制下一个年度的预算案。总行将预算案作为控制整体业务的指标，用于评估所有达标的经理和失职的经理，并给予相应的奖惩。

会计的功能、预算案的功能以及工作流程的功能是向总经理提供整个银行的作业情况以及财务状况，使得总经理可以及时地向有关的失职工作人员、分行经理提出警告或提示纠正方法。如此，这位总经理就成为无远弗届和无所不在的英明领导者。领导者具有无形的威力，推动众人做好应该做的事，即便领导者不在现场的情况下，被领导者仍旧能够每时每刻感受到领导者是与他同在，英语称之为Presence in Absence，意即领导者在或不在都无分别。领导的实力与魅力已经能够无形地督促下属各尽其职，这是管理哲学的最高境界。

科技革命让世界在 1970 年左右进入到信息社会时代，在这个大趋势下，行政作业和会计作业的信息化是不可避免的。行政作业信息化的基础就是工作流程与板块化。中亚银行从 1976 年开始编制工作流程以及深化会计功能的工程总共花费大约 20 个月时间，于 1978 年开始我把工作流程当作作业信息化的基础蓝本，把工作流程用电脑 Java 语言翻译成为计算机（电脑）的语言而达到作业信息化与会计电算化。这是准备快速开设分行，建立全国性银行服务网的基础工作，也是中亚银行建立成为印尼第二家支付结算中心的基础。

如前所述的编制工作流程、编制会计制度以及建立档案管理制度等基础工作，实际推进时工作量很大，困难也相当大。但我深深相信：基础有多深，日后中亚银行的发展就会有多大。老子说：图难于其易，为大于其细。天下难事必作于易，天下大事必作于细。是以圣人终不为大，故能成其大。(《老子·六十三章》) 老子又说：合抱之木，始于毫末。九层之台，起于累土。千里之行，始于足下。(《老子·六十四章》) 老子的这两句话是我安排中亚银行事务的指导，是我推进各项基础工作的动力。

以上三项基础制度（档案管理制度、会计制度和工作流程）让银行的日常运营有了规范的制度可以依循，这属于"以法为本"的管理哲学。在经营管理学中还有另两个不同的管理哲学："以心为本"

和"以人为本"。

"以心为本"的管理哲学，就是学习自我管理的哲学，其重点是以管理者本身的道德品质作为管理众人的基础，形成无形的品德权威以慑人，被管的人永远感受到上司的存在，即便他并不在场。"以人为本"的管理哲学，是教人如何体验被人管的经验与心态，而学习如何管人，教人如何自我管理，并基于道德伦理去关心下属众人，把众人带进真、善、美的境界。

银行企业的客户包罗万象，涉及几百种不同性质的行业并且各有特点，因此银行管理层的专业背景也必须多元化，千万不可单一。在这方面我借用了老子的哲学理念：有无相生，难易相成，长短相形，高下相倾。阴阳相对又相辅，既矛盾又统一。取法天道，遵循自然规律从而达到和谐境界。

适合银行业务的各类专业人才是发展中亚银行的基石，如何网罗这些人才又是一个大挑战。人事方面我的标准和原则是：一、行政管理方面的人才最主要的是行政经验以及道德观念，尤其注重的是品行需忠厚；二、服务产品设计方面的人才最主要的是其银行业务经验以及销售经验；三、业务推广的经理必须是拥有广泛的社会关系、注重与各个行业的乡亲关系、具备商业经验，并且同时还懂得人情世故的专业人才。

银行的行政管理人才大部分由我的旧干部来担当，并且以工作流程作为课本培训新的行政管理人才，为扩张分行做好准备。服务产品的设计人才我聘请两位在外国银行工作的资深经理来担当。业务推广的经理我优先聘请与纺织业、香烟业、面粉加工业（食品业）、建筑材料业、汽车零件商和自行车零件商六大行业有社会关系或乡亲关系的商业人才来担当，特别是 11 个区域性业务中心的经理都必是有上述背景的当地人才来担当。

我的安排是行政管理经理管内，只用专注于行政服务与会计等内部工作即可；业务经理管外。所有人都依据工作流程作业，分工合作，互补优势。这样的人才配置方法，经过多年的经验证明是最有效率的。

这里我想介绍发展一间新分行的策略。人选方面，我聘请当地的商业领袖和资深商人，或他们的后代和亲戚做分行业务经理，他们需要经过我的亲自培训才可上任。首先我培训他们如何收集当地的香烟商、布商、建材商、食品商、汽车商和自行车商 6 个行业的前 10 名客户；其次训练他们记录这些客户的家庭背景、喜好、财产、品德以及他们与银行的关系包括已经取得的银行贷款额度等；然后在总行的业务部学习 3 个月并参加业务会议，再在某一个分行实习 1 个月；最后经过各方的互证后，我会草拟一张客户贷款集体名单，限令有关的分行业务经理去争取上述 6 个行业的前 10 名客商，这成为所有分行业务经理在前半年的首要任务。经过以上的培训步骤，分行业务经理即可走马上任。按照这个人事培训方案，我成功地发展了中亚银行的网络。

我们决定把中亚银行定位成为印尼银行以外的第二家印尼的商贸支付结算中心，这需要在商贸流量大并且人口多的城市开设分行和支行，众多的分行、支行形成一个有能量的银行网络，才能支撑起中亚银行的这一定位。

从印尼的人口分布情况来看，人口最多的是爪哇岛，大约占总人口的 50%；第二是苏门答腊岛，约占 25%；第三是苏拉威西岛，约占 10%；接下来是加里曼丹岛，约占 7%。这四个大岛占到全国 90% 以上的人口。

按照印尼人口分布的情况，我计划按三个步骤来建立银行网络。第一步，建立 11 个区域性业务中心；先在爪哇岛上选择 6 个重点城市建立业务中心，再在苏门答腊岛的棉兰市、巨港市和北干巴鲁市建立业务中心；然后是在望加锡市与万鸦老市建立业务中心，全国要建立 11 个区域性的业务中心。第二步，顺着这 11 个区域业务中心的商贸流向，在各大商业城市开设分行。第三步才在每一个区域业务中心城市或下一级的县级城市里面开设支行。通过这三步，希望能在 10 年内完成建设一个拥有 600 家网点的银行网络。

建设银行网络的同时，我们在衣食住行四大领域里面拣选有分量的行业，优先在这些行业里去争取银行的客户。衣食住行四大领域涵盖了许多行业，我首先选定了如下几个行业：纺织业、香烟业、面粉加工业以及建筑材料业，还有汽车和自行车零配件行业。这些行业的特点是这样的：纺织业里从制布厂到批发商大部分都由印尼的福清同乡经营；香烟业中最大的制造厂是 Gudang Garam 牌，也由姓蔡的福清同乡经营，并且香烟业的最重要原料丁香由林绍良先生专利经营；面粉加工也是林先生的专利业务；建筑材料业里的建筑材料商大约 50% 也是福清同乡；汽车和自行车零配件行业里有八成的自行车商与汽车零件商是莆田同乡。这些特点为我们能完成银行的预期任务奠定了基础。

尽力建立中亚银行的全国性网络，并优选衣食住行四大行业里的重点行业和重点客户，培养中亚银行庞大的客户群，最终让这四大行业的商贸结算都在中亚银行里面进行。这是工作的中心与目标。

1977 年，为了实现中亚银行成为外汇银行，并且可以多开分行，建成网络广泛的银行，最后要达到成为支付清算银行的职能，必须按照印尼银行的规定经历三家银行的合并过程。当时我们成功地将 Gemari 银行以及另外一家处在困境的小银行与中亚银行合并，名称仍旧是中亚银行，两个月后中亚银行取得了外汇银行的营业执照，是继泛印银行后的印尼第二家私营外汇银行。

收购银行最大的难处是处理原来的银行员工，因为不同的银行背景塑造了不同的工作文化、工作习惯以及工作态度，彼此之间的差异，会造成一定的困难。特别是 Gemari 银行，原来是属于印尼军部福利基金会的银行，里面的员工 80% 以上是退役军官，他们的军人文化背景的工作习惯、工作文化与工作态度在很大程度上是与市场经济的工作习惯与理念相左的。要他们立刻改变工作习惯与工作态度去适应实际的商业银行的作业方法，是一件极不简单的任务。他们没有商业理念，极难与商家沟通；他们无法理解为什么应该对客户谦让，为什么要那么认真地在下班时严谨进行账目复查并及时结账，做到丝毫不差；他们对业务盈亏没有概念。但是他们的军人背景是很守纪律，这也是一种可贵的资产，只是要他们马上接受商人的领导是不容易的。为了克服上述困难，再三考虑后我采取了速战速决的"隔离与冻结"的策略。

第一，Gemari 银行没有分行，在行政上我把它的总行地位改为分行地位，所以总行的各个职位全改成分行的职位，但没有改变他们原来工作单位上的权力，使他们安心，我只派了会计员成为这家分行的会计主任。而这家银行的原会计主任调到泗水一家分行当会计主任，并另派亲信担任 Gemari 银行的人事部副主任。

第二，暂时维持原来的业务，不做新业务，在业务上予以冻结。对该分行的存款业务予以冻结，不接受新存款，不发新贷款，在旧的业务基础上给予充分自立。

第三，每个月让该分行的主任参加总行的座谈会，灌输市场经济理念，慢慢地融合到新的大环境，从中观察每个人的能力以及工作态度，然后才把他们分散到各地的新分行去工作，逐步地把他们化整为零，融入大家庭。

经过大约3年的时间，我顺利完成了团结并融合的任务。


## 落后中的机遇

在经历了合并的工作后，我们按照既定的建立分行网络的策略在11个大城市设立了区域性中心，从区域中心随着香烟厂的市场布局开设分行或支行，以满足香烟市场的汇款业务；同时也满足布商、食品商、建材商、自行车商和汽车商等各个行业的汇款业务。

1985年以前，印尼的电信服务品质非常差，家里有一台电话是非常奢侈的享受与身份的象征。电话的品质差到极点，几乎是徒有虚名，尤其是长途电话必须到电话局去排队等候通话，辛苦地轮到了，但话音不清等于没有通话。在这种情况下，当时的银行汇款不论远近，一笔汇款都要等40天才能到达，而且只有国企银行才有汇款的服务，民营银行没有这个服务。这种情况给商家特别是上述6个行业的商家造成了极大的不便与损失，资金无形中受到冻结，造成资金成本昂贵。

我看到了这个危机，但也领悟出这是中亚银行变成为商贸支付清算银行的机缘。我细心研究如何克服困难，为客户解决汇款与通讯的难题。如果我能找到一条出路，中亚银行就可以迅速发展成为最大的银行。

当时银行的汇款需要很长时间才能到达对方，一方面是因为印尼的电讯设施陈旧，另一方面是因为印尼邮政局的服务效率非常低。我认为这是天赐良机，抓住这个机会，设法让中亚银行能提供"次日到达的汇款服务"，替商家节省很大的资金成本，提高他们对资金的利用效率，必会大受市场欢迎。

其实提速汇款到达的办法很简单，就是每个分行自设邮政部门，派专人每日把应付汇款的信息传达给有关的分行。举个例子，雅加达和泗水分行的速递专员乘坐每晚两地对开的火车，把应付汇款命令表装在锁好的小铁箱里送到对方分行，第二日见信并核对每笔汇款的密码后，立即付款给收款人。

当时一般银行的汇款到达收款人的时间是大约 40 天左右，银行无形中可以赚 40 天的利息。当中亚要提供快捷汇款服务时，几位同人提醒我，是否可以向市场承诺我们 7 天抵达？就算是 7 天我们也遥遥领先于其他的银行；但我决定提供"次日"抵达的汇款服务。我要一步到位，不让其他银行效仿，断了他们效仿提供快捷汇款服务的想法，让中亚银行成为唯一提供快捷汇款服务的银行。我要一鼓作气，拿下这个市场。利用市场上唯一的快捷汇款服务使所有行业的上中下游都集中在中亚银行进行商贸交割，快速汇款的服务实际上就是中亚银行要成为商贸结算中心的基础。

这套"次日抵达的汇款服务"轰动全国，引起市场强烈的反响并大受欢迎。只要收款人和汇款人都有中亚银行的户头，就可以享受到次日抵达的快捷服务。几乎每天都有新客户在各个分行排队开户头。在短短的几个月里银行客户增加了几倍，银行存款也以倍数快速增长。数月后，几乎市面上的各行各业都在使用"次日抵达的汇款服务"。他们已经离不开中亚银行的服务了。

在这样一种态势下，我又趁热打铁推出"应付账款的融资方案"，这是针对下游的商家（批发商与零售商）对其上游的商家付账的专用贷款，目的是协助下游的商家能以现金买更便宜的商品，以增加其利润。然后又针对上游的商家推出"应收账款的融资方案"。这样把各个行业的上、中、下游商家与中亚银行绑在一起，进一步把中亚银行变成各个行业的商贸结算中心。

凭借"次日抵达的汇款服务""应付账款的融资方案"和"应收账款的融资方案"等创新服务，我们同时有序地进行各个行业上、中、下游全行业链的招商工作。中亚银行一下子变成了印尼的香烟商、布商、食品商、建材商、汽车零件商和自行车零件商共 6 个大行业的跨城市的商贸结算中心。

中亚银行在短短的 5 年内已经成为印尼第六大资产的商业银行（前五家均是国营），我们的交易额是最大的，每天的汇款额数、外汇交易量都是全国第一。中亚银行成为印尼银行结算中心第三大的客户。

我成功地把一个苦苦挣扎的银行救活了，并成长为印尼交易量最大的银行。如果算是小有成就的话，我应该归功于林绍良先生的信任与支持，以及林先生优秀公子林逢生（Anthony Salim）和林圣宗（Andri Halim）的协助，还有 11 家区域性中心银行领导人的辛勤工作。

中亚银行设立了 11 家区域性业务中心，这就是在印尼的 11 个银行网络。因为在每个中心的周围的二级市和县都开了分行和支行，可以提供完整的服务，其中包括：①次日抵达的汇款服务；②应付账款的融资方案；③应收账款的融资方案；④其他各种贷款；⑤最低廉的外币；⑥无收费的汇款；⑦旅行支票；⑧BCA 信用卡；⑨ TAHAPAN 有奖储蓄；⑩ 定期存款；⑪ 活期存款；⑫ 商业信用证等各种各样的服务。

在上述各种银行服务项目及各种硬件条件齐全后，我决定在印尼 11 家区域性中心的地区报纸上刊登广告，其大意如下：

中亚银行为了答谢社会的支持，今提供年息 X% 的贷款 ① 以及提供年息 Y% 的存款 ②。

上述措施的目的是既吸引更多的商家来中亚银行开户，又让竞争银行付出更多的利息而减少很大的利息收入。一来一往，可使我们的竞争者面临两难选择，犹豫不决，从而可能会失去一些客户，中亚银行就可招揽更多的客户。这个策略的重点是拖住竞争者的脚步，让我们可以快速超越上去。

事实证明，我的策略和以上具体的银行业务措施是对的，中亚银行的事业一日千里，超越了同业。

## 争取盐仓成为客户的故事

盐仓（Gudang Garam）丁香烟厂有限公司在印尼香烟行业中是最大的，它的产品在全国每个角落都受欢迎。蔡姓老板与林绍良先

---

① 当时我提供的贷款利息比泛印银行的贷款利息低1%
② 当时我提供的存款利息比泛印银行的存款利息高0.5%

生是福清同乡，两人又是多年的挚友，起初我认为蔡先生必定会大力支持中亚银行。但事与愿违，原来蔡先生在创业初期是靠印尼国家银行（Bank Negara Indonesia，以下简称 BNI）大力支持而发达的。蔡先生很念旧，也很讲义气，因此他发誓盐仓永远是 BNI 的忠心客户，决不与其他银行来往。现在他虽然应我的要求在中亚银行开了户头，但业务只限于向林绍良先生购买丁香的交易而已，其他的业务仍都与 BNI 来往。

我只好敦请林先生亲自出面融通，没想到蔡先生仍坚持原则，丝毫不松动。考虑到盐仓的业务在中亚银行要发展成为印尼的第二家支付清算银行的策略上具有极大的影响力，所以我不能气馁，坚持努力争取。这个任务让我日夜深思挂虑，从未间断地想办法。最后我决定在谏义里县（Kediri），也就是盐仓公司的总部所在地开一间很像样的分行。我选了一位具有外交能力并且外表诚恳的高级干部担任该分行的经理，给他的任务就是亲近盐仓的财务经理与销售经理，投其所好，一起运动，打羽毛球或打网球，或经常一起用餐，家庭成员之间互相往来，关心这两位经理的家人，并邀他们一同旅行；但我嘱咐分行经理"不谈生意"。

经过一年多的时间，他们三人之间的友谊已经培养起来，到了无话不谈的程度。我才开始面授行动计划给分行经理，现在应该谈生意了，谈话的要点很简单：第一，请盐仓的财务经理讲讲每月的业务销售额，假设每月的销售额是 1000 亿盾，这笔钱从印尼全国各地通过 BNI 汇过来，你要等候 40 天才能收到，这表示你有 1000 亿盾的钱积压在 BNI 里，但却要用 15% 的年利向 BNI 贷款。这个损失多大？第二，中亚银行可以协助盐仓把汇款的时间由 40 天缩短成为 1 天，从而每个月多出 1000 亿盾的现金流。第三，中亚银行收到全国各地汇款后即时转账到盐仓在 BNI 银行的户头，决不拖延。第四，请那两位经理介绍雅加达的总代理商在中亚银行开户并试用我们的"次日到达的汇款服务"，每天把钱从雅加达汇到谏义里。这既不违反蔡老板的原则，又可以给盐仓带来巨大的利益，何乐而不为？

经过多次商谈后，这两位经理同意请盐仓的总代理商通过中亚银行的"次日到达的汇款服务"，把款项汇到谏义里的盐仓总部。一个多月后，他们感受到中亚银行"次日到达的汇款服务"的便利，并体会到其中的好处和利益。于是，盐仓正式要求所有的代理商都通过中亚银行汇款到总部。这一下我成功地把盐仓分布在全国的代理商编织进中亚银行的网络中，进一步又请这些代理商介绍他们全国各地的批发商与中亚银行来往，再进一步又请批发商介绍他们的零售商与中亚银行来往，如此整个盐仓的商业链（从上游供应商到中下游的代理商、批发商和零售商）都成为中亚银行的客户，而他们之间商贸交易的款项都通过中亚银行进行交割，中亚银行实实在在地已经成为这个商业圈的支付清算中心。

## 争取联合利华成为客户的绝招

说到争取重要客户的艰难，这里还想提及另一家。联合利华（Unilever）生产和销售日常用品，诸如香皂、洗衣粉、清洁剂、牙膏、牙刷以及各种各样的化妆品，深受印尼人民的喜爱，销售网点遍及全国每个角落，是中亚银行应该争取的重要客户。但我们面临一个大困难：1967年印尼的私营银行发生挤兑风暴后，其总部规定不允许印尼分公司与私营银行来往。

为此，我特地委派刚从德国回印尼的年轻银行家安迪·卜阿呐（Andi Buana），照着说服盐仓的办法，安排他每周与联合利华总经理打一场高尔夫球，经常一起用餐，先建立良好友谊后再谈生意。这一次没有奏效，我只好亲自出马，当面向客户解释中亚银行的运作情况和特色服务，说明中亚银行运作可靠且服务便捷，但仍然没有效果。

希望合作的要求屡次被婉拒，但我没有放弃，不断地想办法如何赢得这家客户。在一次拜访过程中，联合利华公司运营中的一个小环节引起我的注意：他们通过传真解决与总部和外界的信息往来。我观察到传真成卷的纸带共有5层纸，上面4层可以分别撕裂作为各个部门的应用，但最底层的纸带必须完整保存。每天早上经理必须在当天传真纸卷的最底层一张的开头签字并注明日期与时间，到每天下午5时作业结束时，在最底层的一张的末端再签字并注明日期与时间。每天这张完整的底稿必须由总经理与审计部审查，以证明全天书信的完整与财务来往都无误入账。这是公司的安全措施，这张底稿也是总部的审计处派来的审计员必读、必查的文件之一。

由此，我想到了一个攻克这家客户的办法：通过传真向联合利华印尼分公司发送报告。内容包括当天中亚银行的外币卖价，提供贷款的最便宜的利息率，介绍"次日到达的汇款服务"。其中外币交易报价特地用成本价报价，比当时联合利华交易的汇率要更优惠。我开始从不间断地（除了节日外）发送信息到联合利华的传真上，一个月，一个季度，一年，时间长了，大家都质疑我的做法。终于一年多后，联合利华开始向中亚银行购买小数额的外币。我想应是联合利华分公司的总经理受不住总行审计员的不断质问，为何买外币的价格要比中亚银行报价高？所以不得不向中亚银行购买小数额外币用以向其他外国银行比价。自此开了缺口，联合利华已经破格与中亚银行来往，随后他们也体会到利用中亚银行的"次日到达的汇款服务"的好处，开始了与中亚银行的全面合作。

虽然这个传真的小细节与业务没有直接关联，但我细心注意到了，深入思考之后用以帮助开拓客户，又一次完成了看似达不成的任务。

我用了十多年的时间由一个企业到一个行业，由一个行业到6个重点行业，再到全部86个行业，逐一把每个行业的上、中、下游商家都网罗到中亚银行"次日到达的汇款服务"的网络中。我们的客户网络成为全国最大的网络，中亚银行事实上成为印尼整个工商界的支付清算中心。


## 国民储蓄运动


1970 年开始政府依托印尼银行（中央银行）大力推行国民储蓄运动（Tabanas），但经过十多年的努力成绩不佳，全国的储蓄总量少得可怜。这里面有三个不合理的原因：一是小额储蓄的年利 6%与一般活期存款的年利 12% 相比相差一大截，这个差距是极不合理的。据说是因为办理小额储蓄的行政费用高，所以利息比较低。二是储蓄的多是小市民，存额小利息又低，因此每月收到的利息还不够去银行的车马费。三是因为储蓄额小，银行职员不重视、不尊重客户。

因此，必须纠正上述不合理之处，采取方法尽快让印尼的国民储蓄走上正轨。首先必须纠正储蓄的行政方法，使其简单化、自动化，降低行政费用；其次是斟酌提升储蓄利息到合理的程度，使之与活期存款的利率比较接近才合理；最后是银行职员对待顾客必须一视同仁，平等待遇，让小市民、小客户也同样受到尊重。

尽管做了上述改进，国民储蓄仍然没有快速推进。国民储蓄的重要性不言而喻：为国家积累资金，是发展经济的基础；同时也能教育国民加强储蓄，培养勤俭致富的美德，有利于国民素质的提高。全球各国政府都在大力推行国民储蓄，每一位银行家都应该为国民储蓄运动做一些贡献，我为这事甚是操心。

有一天过节在家里，听家里的帮工们在兴高采烈地讨论SISB（就是彩票的化名）。据说，大多数中下层市民都已疯狂卷进这个漩涡，大街小巷都是卖彩的小摊子，SISB彩票每晚开彩，白天每个人都无法专心工作，都在分心查对彩票号码，等待开彩的结果，几近全民博彩的程度。这种赌风实在太可怕了，对社会非常有害，但政府却忽视这种危害，仍然发放博彩行业的牌照，实在让人无法理解。

我把博彩成风的社会现象和推动国民储蓄运动两件事情放到一起来思考。市民情愿花钱去赌彩票，如果彩票不中，那么钱就没有了，因此我悟出一个类似的有奖储蓄的办法。市民把钱存到银行里，每笔存款达到两万盾就给他一个号码，这个号码每个月公开抽奖一次。头等奖是一辆汽车，二等奖是摩托车，还有其他丰富的奖品。如果没有中奖，储户的本金仍在，而且有利息可收。我想，这个有奖储蓄可以大大减轻有害的博彩行为，改正市民的不良心态。想通之后我立即组织团队，准备好工作方案向印尼银行申请执照，这个有奖储蓄称为 Tabungan Harapan，简称 Tahapan。

经过充分的准备，中亚银行与力宝银行共同发起推动，并做大力的宣传工作，"Tahapan 有奖储蓄"一经发动，立即轰动全国，几乎取代了彩票的业务。我们的储蓄存款在两个月内赶超了政府中央银行推展的 Tabahas 十多年的总数。我又进一步成功地把中亚银行推向另一个高峰。

十多年的时间里，中亚银行在我的领导下不断完善经营理念，创新服务产品，升级服务水平，降低经营成本，极力为社会各界提供优质服务和实惠。这一过程也逼着银行同业一起改变和提高，印尼银行界这十多年进步很大，我很自豪为国家做了一件好事。


# BCA 信用卡，ATM，电子银行


在 3500 年前的商周时代，中国人已经开始使用贝壳作为贸易的中介支付工具。人类最大的发明就是货币。在没有货币以前，人类只能用易货方式进行商品交换，大大限制了经济的发展。出现货币后，商贸活跃了，经济发达了，生产得以提高，生活从此得到改善。

到了春秋战国时期，中国人已经掌握了金属冶炼技术，青铜、金、银等金属开始成为铸造货币的材料，当时货币流通是靠货币本身的材料价值成为使用价值，还不具有信用价值。到了秦始皇统一中国，中央政府开始统一货币的发行，这时货币的信用价值开始衍生发展，货币对人类进步的影响凸显。

到了北宋，中国人发明全世界第一张纸币，称为"交子"，以后"交子"进一步发展，又称"钱引"，这就是人类利用钞票的开始，是人类经济发展过程中商贸支付工具的第一次大革命。

文艺复兴以后，欧洲人开始经营银行，根据银行的信用以及银行客户本身的信用，市场开始可以接受支票成为商贸的支付工具。这是人类商贸支付工具的第二次大革命。

到了近代，银行又发行信用卡（Credit Card）作为商品交易的新的支付工具，人们买卖商品和服务可以不再需要携带现钞或支票，更加便捷。这是文明社会的又一大发明，也是商贸支付工具的第三次大革命。

1950年后，人类进入信息科技时代，美国率先进入信息社会。经过几十年的演变，世界开始进入"电子银行"（e-Banking）时代，人类开始在互联网上购物并用电子银行付款，这是商贸支付工具的第四次大革命。

在这样的大背景下，我认为印尼民族应该开始认识现代化的银行业、现代化的金融业，进而了解信息科技。印尼人民应该与时俱进，掌握现代化的银行服务，并从中学习信息科技。这样做是我们的责任与义务。

1979年，我开始研究中亚银行的BCA信用卡业务、行政工作的信息化、会计的电算化和装置ATM的业务。我向美国Systematic电子顾问公司讨教学习。最终我决定先从发行信用卡的业务着手，本着先易后难的原则，把拿下信用卡市场作为首要目标。

我立即聘请几位专业人士组成一个筹备小组。小组成员必须懂电脑、懂银行业务，我灌输他们有关"未来的世界是信息科技的世界""没有信息科技就是落后，就是灭绝"的道理，请他们多努力，一定要把 BCA 银行发展成为印尼第一家的信用卡发行银行，第一家的 ATM 银行，第一家的电子银行。这个小组由我担任主席直接推动中亚银行信息化工作。

经过大约三年的时间，BCA 信用卡开始被市场广泛接受，BCA 迄今仍是印尼最大的信用卡发行银行。

## 利用外国的资金

1969 年，苏哈托政府采取改革开放的经济政策，经过十多年的努力，整体经济明显大幅增长，可是国民累积的资金仍无法满足整体经济继续成长的需要。而银行业除了社会资金不够外，还面临银行的资本充足率（CAR）的压力，这是中亚银行进一步发展的瓶颈，必须寻觅出路。难题萦绕心头，我考虑了四个解决办法：一是 IPO 上市集资的办法，但林绍良先生不同意，他认为时机尚未成熟；二是到香港开设财务公司，以疏导中亚银行的客户取得国际融资；三是到美国购中小型银行，以疏导中亚银行的客户取得另一种国际融资；四是邀请外国银行与中亚银行在印尼合资成立金融公司，以弥补中亚银行因资本充足率引起的资金不足，从而继续扩张。

按照上述各种策略，我在香港成立"中亚资本"（Central Asia Capital Corp），从香港的银行取得融资，主要业务是替印尼的商家融资开商业信用票,进一步再取得 6 个月的商业融资。香港的银行资金充足,利率比印尼便宜很多,开业后成绩很好,又替中亚银行增加了融资的能力。

# 第一次到美国买银行的经历

1976 年,我准备到美国去收购银行。有一天我去中国台湾拜会当时的"中央银行"行长俞国华先生,他很客气地邀请我参加家宴。恰巧我坐在时任美国财政部长安德森(Anderson)先生的旁边,借此机会,我问起在美国收购银行的可能性。他的答复是肯定的,欢迎并鼓励我去美国经营银行。不久,我接到了安德森先生的电话,他告诉我有一家 National Bank of Georgia 有意出售 28% 的股份,业主是 Bert Lance 先生,经纪人是阿肯色州的投资银行 Stephen 公司的主席杰克·史蒂芬(Jack Stephen)先生。得此消息我喜出望外,第二天即飞往美国。先与杰克·史蒂芬先生见面,经过大约 5 个小时的商讨,双方原则上同意我们收购这家银行 28% 的股份,不过我要求先与该行其他大股东以及董事会商讨未来业务发展的方针。第二天,Bert Lance 先生以及该行的其他主要股东与董事会成员在该行办事处与我会谈。我提出收购后银行发展的方向与策略,重点讲解的是经济全球化提升了亚洲经济与发展的前景。如今美国前十大银行的业务有 30% 是亚洲的业务,其利润也占全部利润的 40%,希望乔治亚州国民银行(National Bank of Georgia)能扮演推动美国东南部与亚洲之间商业来往的银行。我的发言经过一些问答与解释后，大家非常认同，特别是杰克·史蒂芬先生很欣赏我的策略。他表示愿意大力支持我在美国的业务发展并希望将来合作发展事业。

双方的律师连夜草拟合作协议框架，希望在次日早上可以签字。当时我特地提出一个要求：此交易暂时保密，不要对外宣布，以免受到印尼官方的干预。他们同意我的要求，也写在临时合作协议书里面。不幸的是，这个买卖却成为次日早报的头条新闻，并说这是印尼政府有意派中亚银行收购这位 Bert Lance 先生的股份以解救美国民主党的困境。一笔普通的商业买卖竟然被渲染成为有政治背景的买卖，实在是令人匪夷所思。当时印尼的财政部长直接给我打电话，后又请林绍良先生阻止我收购乔治亚州国民银行，我只得无可奈何地放弃了收购这家银行。

## Union Planters 银行的故事

有趣的是，Stephen 公司投资银行的老板杰克·史蒂芬先生因这笔未达成的交易和我相识，并成为我的知己。他于 1980 年又给我介绍一家孟菲斯州的 Union Planters 银行。在他的安排下，我静悄悄地成功收购该行 4.9% 的股份，收购过程中我获得 90% 的贷款，因此我只用了不到 10 万美元就成了这家银行 4.9% 的股东，成为这家银行最大的单一股东。

我以最大单一股东的身份约见这间美国银行的管理层。一开始，他们并不太待见我这个不知道从哪里冒出来的东方小个子，于是我自告奋勇地向他们引见东海岸纽约市的大银行家，他们乐得跟我走一趟。通过一些安排，我把他们引见给花旗银行、化学银行、银行家信托公司、美国运通银行等美国一流银行的管理层。会谈或宴请期间，我都诚恳地向这些大银行家请教其银行业务主要分布在哪些国家和地区，美国本土和国外的比例，这些国家或地区的利润在总利润中排序如何，因为当时美国本土的年利率约2%，低于其他几个洲的利率，所以有国际业务经验的银行大都已将业务重心放在了利率高的国家和地区。

这些大银行家对我的问题的回答大同小异：银行业务很大一部分在美国国外，比如亚洲和欧洲等，银行利润大部分也来自这些地区，亚洲国家的贡献还高过欧洲各国。与我同行的 Union Planters 银行的管理层代表们也潜移默化地认同了这些观点。

接下来，我邀请管理层的代表一同走出美国，去亚洲考察业务。我的安排是先去日本和中国香港，然后到新加坡和印尼。在我的安排下，每到一地，不是该国的央行高管，就是财政部的官员出来参加会谈或宴请，礼节隆重且交谈富有成效。这一路走过来，从美国到亚洲各国，银行管理层的代表们不再看低东方小个子，他们由衷地信服我在银行界的能量与影响力；他们通过与众多圈内同行的交流和考察后也达成共识：要发展银行业务，就要走出美国，选择亚洲。

在亚洲之行的最后一站印尼，美国 Union Planters 银行的管理层主动向我提出希望得到我的配合，共同在亚洲发展业务。我等的就是他们主动说出这句话。

于是在我的主导下，我们和美国 Union Planters 银行各出资50%在中国香港成立了一间注册资本为300万美元的财务公司，核心管理人员由双方分别委派。公司的主要业务是从美国调集资金到中国香港，贷款给需要大额资金的客户（这其中很多是中亚银行的客户）。随后业务发展迅速且效益很好。

概括地讲，我的这个安排就是：把美国银行的钱调动到中国香港来开财务公司，贷款给印尼商家，解决中亚银行资金不足的大难题。通过这个运作达到了如下效果：一是中亚银行的客户得到了要发展实业所需的贷款；二是印尼商界很多人知道中亚银行在中国香港有机构，可以安排数额巨大的贷款，使得中亚银行声誉鹊起，加速印尼国内业务的发展，后来中亚银行能在纽约开设分行也得益于此安排；三是我们做了美国 Union Planters 银行的股东，并使其业务更加多元化；四是香港的财务公司也赚得钵盈盆满。

为实现整个安排，我只用了 Union Planters 银行其市值 0.49% 的资金就收购并实际引导控制这间银行，然后用 150 万美金拥有香港财务公司 50% 的股权，实现调度大额的国际资金为印尼所用。就连林绍良先生在看到最终的成功后也评价："敢为天下先，有你的一套！"我希望读者能从这个实际例子中体会到"无中生有"和"以小博大"。

1984 年，杰克·史蒂芬先生又介绍阿肯色州的沃森银行（Worthen Bank），商量后杰克·史蒂芬、林绍良和我之间达成协议：由三家联合持有该行的大约 30% 股份，并同意委任我的二儿子李白担任总经理。这家银行是该州最大的银行，也是州政府发行政府债券的承销银行，因为业务的关系，李白与当时的州长比尔·克林顿先生成为至交。后来克林顿先生当选美国总统，李白被委任为总统经济顾问，力宝银行的总经理黄建安先生被委任为美国政府的商业部副部长，不久又被委任为克林顿先生第二任总统竞选委员会的副主席。这些委任似乎触及了美国政坛的底线，引起克林顿政敌的攻击，以违反总统竞选条例为由要求司法部对我们进行审查。虽然查了两年都找不到确凿证据，但还是持续不停地审查。他们有权继续无限期地审查，让我们长期雇用律师，负担巨大的律师费用，如果不认错，就会被律师费压死。这种做法是在逼我们枉认罪状。我想不到一个自喻法治的美国，竟然如此不法治，司法机构如此滥用权力，逼害无辜。因为无法承担昂贵的诉讼律师费用，也不希望消耗过多的精力与时间，我们只好投降；另外联邦储备银行的相关机构也不断地对沃森银行进行无理的审核，致使银行无法正常经营，最终我们只能在残酷无奈的恶环境下违心地认输，放弃沃森银行以及其他所有在美国的业务。当时的克林顿身为总统也无能为力，我深深地体会到中国的古话"民不与官争"和"为商不干政"的道理。

## 站在巨人的肩膀上跃进

1988 年，印尼政府终于开放允许外资在印尼设立合资财务公司，并可以升格成为商业银行，我立即响应这个政策，邀请苏格兰皇家银行（Royal Bank of Scotland），日本 Long Term Credit 株式会社，纽约化学银行（Chemical Bank N.Y.）以及香港的怡富控股有限公司（Jardine Fleming），共同合资成立跨国金融公司（Multinational Finance Corp.）。成立跨国金融公司的目的第一是扩展中亚银行的融资渠道和融资能力，第二是提升中亚银行的社会知名度，第三是藉此机会加强与外国银行的业务联系，第四是藉此学习外国银行组织团队与管理的经验，受益良多。

从 1977 年开始尝试收购乔治亚州国民银行，一直到参股 Union Planters 银行，以及 1984 年收购沃森银行，到 1985 年中亚银行在纽约开设分行为止，中亚银行的的确确已经是全球化了，是印尼当时唯一的国际化银行。

中亚银行 1975 年 6 月的总资产大约是 10 亿印尼盾，1976 年总资产提升到 120 亿印尼盾，1977 年已达到 240 亿印尼盾，1980 年达到 1 千亿印尼盾，1986 年达到 1 万亿印尼盾，中亚银行的总资产在 1990 年达到 7 万 5 千亿印尼盾，是印尼第五大银行，我已经成功地把中亚银行经营成为印尼银行以外的第二家商贸支付清算中心，实现了我的承诺。我可以自豪地向林绍良家族交代责任。

## 金融业的大开放和 "PACTO 88 条例"

1970 年苏哈托巩固政权后，一反过去苏加诺政府封闭的社会主义经济模式，采取积极的对外开放市场的经济政策，加入世界贸易组织（WTO）。在这样的背景下，印尼金融业也必须相应地对外开放，而不是由 5 家国企银行垄断经营，但当时大多数学者与金融界人士因恐惧外国银行的进入而极力反对。为了缓和局面，政府组织了一个 11 人研究委员会，我以印尼民族银行公会的副主席及印尼工商总会副主席的身份成为研究委员会的一员。

初期，11 人委员会中大多数成员对开放金融业持保守与反对的态度，主要原因是担心外资银行进入后国企银行会失去主导地位，政府将失去控制能力。经过深入思考后我认为：垄断是促成经济衰退的主因，是民族经济无竞争力之祸首，企业必须在公平自由竞争的压力下才能生根成长。只要是在公平的环境中，竞争就会成为企业成长的动力。

所以，如果外资银行以分行的身份进入印尼，那就是不公平的竞争。因为分行不需要有资本金，依据的是总行的资本金，那么分行进入印尼不需注入资本，并且拥有外资总行的庞大资本可以进行大额放贷，这就是不平等的竞争。因此我建议印尼可以开放金融市场让外资银行进来，但必须成立印尼的子公司，也就是印尼的法人，也同样需要注入资本金，并受资本充足率（CAR）的限制，这才是公平合理的竞争。我有信心可以胜过外资银行。另外，外资银行以子公司的身份在印尼营业，这表明他们必须带进外汇，可以增加国库的外汇；同时引进外商来印尼投资，引进新技术和新的管理方式以提升印尼的生产效率。印尼实实在在需要外资进来，这完全符合经济全球化的趋势。

经过两年多的商讨论证，最后委员会同意开放金融市场，这就是1988年PACTO的金融开放的前因。但想不到的是，PACTO开放程度完全超过我们的想象：允许所有银行无限度开分行。这对我来说是喜，因为中亚银行可以大力开展分行网络；但是对整体银行业来说，太开放了会招致失控，深信政府至终会领悟而修改条例。

# 12 个月内中亚银行成功开设 150 家分行

　　PACTO 88 金融业大开放的条例是千载难逢的机会，我决定让中亚银行在 12 个月内开设 150 家分行，进一步巩固在全国的网络优势。为此，我亲自挂帅领导新分行筹备小组。小组分为四个部门分别负责如下工作：

　　一、分行地址的选择、购买（或租赁）和装修。先把分行的面积、门面布局和柜台家具等都予以标准化，找工程公司包工完成。责成每个分行经理寻觅适当地点或租或买都行，必须在 60 天内完成。

　　二、分行的组织架构与人事标准，以及物色方法与培训方法。关于组织架构基本上分成两大块：营业经理与行政经理。营业经理的物色工作是责成 11 个区域性中心经理就地取材，聘请当地商界名人担任，同时也由 11 个区域中心经理连同其下属的分行经理（大概当时已有 100 多家分行）共同负责挑选推荐，再由我最后考核决定。至于行政经理，是责成每个分行挑选与推荐 3 人，先在每个分行就地实习，最后三个月再到总行实习，藉着实习考核其品德与能力后才任命。

　　三、分行的家具与办公用具。先把分行的功能布局以及家具都标准化，比如柜台按 200cm 长、80cm 宽的标准预制，然后寄到新分行去组装，最后一节柜台如果尺寸是 180cm 长、80cm 宽，那么只改最后一台而已。其他的办公用具都是用现成的，由总部计算后集中采购，再分配到各新分行组装布置即可。

　　四、编制开设分行的预算案。根据以上三条的计划予以估价，编制成预算案，用作开设 150 家分行的费用依据，并在实施中控制。

如何培训 150 家新分行所需要的 6 000 名新员工？当时的情形是行政管理尚未全部信息化或自动化，要开设一家分行，估计需要 40 个员工；150 家分行共需要 6 000 个员工。这么庞大的专业员工人数是不可能靠从别家银行挖墙脚能实现的，只能自我培训。而这培训的依据就是我一开始发展中亚银行所建立（编制）的"工作流程"。利用"工作流程"作为指导，一个新的分行员工，只需要一小时就能完成培训工作而立即上阵应战。

分行还进行会计功能的信息化以及完善预算案的功能，并且根据事先准备好的每个分行的准客户的信息而编制的整体贷款名单，责成分行经理根据该份贷款名单去争取客户并进行发放贷款等一系列工作方案。150 家新分行在开业半年内全部实现盈利并快速发展，其发展速度与顺畅运行证明了我建立的中亚银行可快速复制的机制是对的，中亚银行的企业规范化和制度化是正确的。因此，中亚银行的第二个商贸支付中心的地位与功能已经进一步得到巩固，无人可以取代了。

中亚银行能够得以迅速发展并取得巨大的成功，一个原因是全体员工的同心协力、勤奋耕耘的结果，特别是和 11 位区域中心经理的努力分不开。我感谢他们的倾力相助。另一个原因是股东内部的团结，源于林绍良先生家族对我的充分信任与支持。如果没有林绍良先生的信任与支持，我绝对无法完成任务。15 年来我在中亚银行从来没有发生过误会，我也从来没有听过林绍良先生讲过一句别人的坏话。他永远是那么谦虚，那么和气，理解我的处境。从心里讲，他是文正一生最知己的伙伴，我永远怀念他。

# 中亚银行在美国纽约开设分行

早在 1980 年，我已梦想在纽约开分行。我把这个意愿告诉林绍良先生，他认为我们的规模还太小，无法与美国的银行竞争。我持不同的看法，美国有近 18 000 家大大小小的银行，固然其中有几十家银行大可比国，但也有许多小银行比我们还小。既然他们可以生存，那么我也有信心可以生存，重点在于要能选对客户对象并满足他们的需要。印尼中亚银行纽约分行的定位应该是太平洋盆地两岸的桥梁，以大中华圈的经济做后盾，则生意大有可为，不必自卑。

于是我请求杰克·史蒂芬先生给我指导与支持，经过艰辛的努力，终于在 1985 年获得美国政府的批准：印尼中亚银行可以在纽约开设分行。这是印尼银行界第一家在纽约的分行。那时李白恰巧在美国主持沃森银行，所以中亚银行纽约分行的筹备工作就由他负责，从选地点、租房子、装修、员工的招聘和培训到分行开业典礼全部由他办理。分行开张时，我邀请林绍良夫妇与他们的公子林圣宗先生和林逢生先生都到纽约参加开业典礼。仪式简单隆重，来的客人都相当有分量，我很欣慰。

纽约分行的客户定位是越籍华人以及少许中国台湾华人，因为这两地华人刻苦耐劳，有事业心，敢闯荡，又细心，是好对象。我鼓励他们开小超市，并且设专柜替他们到中国台湾、中国香港及东南亚采购商品，替他们开信用证并给予远期信用证（Usance L/C）的融资。在我们的支持下，这些客户都很成功，当然中亚银行的纽约分行也与他们共同进步，业务发展得很好。

# 与林绍良先生分家

从纽约回印尼的途中路过洛杉矶，林先生事先已计划要到锡安医院去做体检，也安排我顺道做体检。这家医院的体检设备精良，医师的态度热情专业，让我大开眼界。林绍良先生的体验结果一切正常，可是我的体检结果发现心脏血管有细微的不正常，医师嘱我回印尼后每半年复查一次。到 1989 年体检时，医生告诉，我开始有比较显著的心血管梗化，劝我去澳洲悉尼找心脏专科医生 Victor 张先生做进一步的心血管导管检查，检查结果是有三条血管已经严重堵塞，必须做搭桥手术。

心脏搭桥是个大手术，在当时还不是太有把握，风险很大。经过深思后我决定去做手术，安危未卜，我必须先把私人的来往账厘清，并把中亚银行的人事整顿扎实。另外也把与林绍良先生合伙的业务账目说清楚，并要求同意，如果我开刀不测，双方合伙的业务的分割办法。我起草合约，林绍良先生很诚恳地安慰，要我放心去开刀，并无条件地在合约上签字。我们两人的交谈只花了两个小时，气氛融洽。我很感激林绍良先生的体谅。这个合约也是后来我与林绍良先生分家的基础。

1975 年 6 月林绍良先生与我合伙发展中亚银行，身为该行的一把手，我严守合伙的道义。当我有机会收购印尼商业银行（Bank Perniagaan Indonesia）、亚洲公众银行（Bank Umum Asia）和沃森银行、National Planters 银行、乔治亚州国民银行以及史蒂芬香港基金

（Stephen Finance HongKong）、香港华人银行（HongKong Chinese Bank）等的时候，因为这是同业，所以我每次都邀请林绍良先生共同参股，从未私自独行。我认为这是做人的大道理。

另一个原则，凡是苏哈托总统召见，必须立即通知林绍良先生，事后也立即通知所谈何事，以免误会。我觉得应该这么做，这也是我与林绍良先生的合伙能够平平安安、和和睦睦的主要原因之一。

从 1975 年到 1991 年，我很愉快地与林绍良先生家族共事了 16 个年头。在这漫长的岁月里，林绍良先生给我的印象永远是一位和蔼可亲、从未在背后讲人半句坏话的智者，总是那么谦虚，那么慷慨，令人敬佩。与他合作 16 年，他永远讲一句话：我不懂银行，李文正才懂银行。另外，他永远只问我一句话：明年有什么新计划？明年的业务增幅是多少？他也总是告诉他的两位公子（圣宗和逢生）拜李文正为老师。林绍良先生是一位大智若愚的长者，我有幸与他共事是机缘。他的两位公子有乃父之风，也是后生可畏，是林先生的福气。我祝福他们一家人。

16 年了，林圣宗先生与林逢生先生已经青出于蓝而胜于蓝，应该主持中亚银行的业务了；另外我也应该多花一些时间建立我自己的家族业务。我已经年老了，也应该多花一些时间与我的孩子们多沟通、多共事，最后我很诚心地向林绍良先生提出分家建议。起初林先生不赞同，他希望我们的合作可以更长久，没有必要分家，经我再三解释，最后他才答应我的要求。

我们开始商量如何分家。我们合作的业务很多，在很多公司里交叉持股，如何估价和分配呢？我提请林绍良先生决定分家的原则，他坚持要我提方案，实在推辞不过我只好提出如下的方案：（1）不用对各个企业的资产情况重新估值；（2）无偿交换在印尼中亚银行和力宝银行的股份；（3）双方在其他企业所有的股权照旧不变。

林绍良先生听后爽快同意，并嘱咐林逢生与李白办理转股的法律手续，前后不到两小时就妥善完成分家手续。


## 力宝集团的定位

当我发展中亚银行时把它定位成为印尼银行以外的第二家商贸支付清算中心，另外也在为力宝银行寻找合适的定位，以使这两家银行具有互补性而没有对抗性。

我基本的理念是：在文明进步的资本主义社会里，所有的经济活动，其动力都与资金分不开，就算能源，如果没有银行的资金也无从做起。我悟出能源的动力也是资金，而银行本身的资本金又是从资本市场筹集的，而资本市场的资金一部分又是从银行筹集而来，所以我的家族事业名号为"力宝"，力就是资金，宝就是源泉。这是我在1958年悟出的理念。

资金、资本市场和银行业统称为金融事业，而美国是世界的经济中心和金融中心，中国香港是亚洲金融中心，所以要发展金融事业非考虑美国的金融市场与中国香港的金融市场不可。这就是力宝集团的定位。

要想进军美国的金融业，必须先做两件事：第一，骑马追马。先要在美国寻找一位可靠的朋友或伙伴，藉着这位美国朋友或伙伴的社会关系就能更轻易地借力发展。第二，在未找到适合的伙伴前，我必须先了解美国当地的经济大环境，才能给自己的事业定位。为此，我聘请了一位在美国的印尼华裔 Adam Wen 博士在旧金山设立办事处，并研究犹太人、日本人和中国人在美国发展事业的不同模式。我想借用犹太人与日本人在美国发展业务的成功例子来启发中国人在美国发展事业的模式。

# 犹太人在美国发展事业的模式

众所周知，美国幅员辽阔且全国经济发展很均衡，如此庞大的销售网，没有一个单一商业机构可以独自成立自己的销售网，而都是靠千万个分布在全美各个角落的销售代理商代为推销商品。销售代理商经营三种业务：（1）代客推销商品收取佣金；（2）代理应收账款的保险；（3）代理应付账款的贴现。上述三种业务看上去不甚宏伟，但在美国的大环境下却是美国经济最底层的动力，据说90%都掌握在犹太人手中。由此向上发展延伸，纽约的进出口商、批发商大都是犹太人所经营，相关的银行界这一部分的管理层最后也多数由犹太人担任，所以最终犹太人也无形中控制了美国的银行业。在商贸交易中免不了有诉讼纠纷，需要律师协助，犹太人的律师又是近水楼台先得月，潜移默化，最终犹太人又控制了美国的律师服务业务。

因此，在美国的犹太人既懂经济，又懂法律，还懂商贸，是非常优秀的族群，建立了强有力的社会地位。特别是美国有100位国会议员，每名议员可雇用70名助理，总共有7 000名助理，这些助

87

理显然具有巨大的政治影响力。据说有一半的助理是犹太人，依此可以想象，犹太人在美国的影响力是何等巨大。

另外，可能是凑巧吧，美国的媒介也大多由犹太人经营，其他如著名的工程师、权威的学者、资深的教授也有很多犹太人，好的大学、好的医院等都有犹太人在参与。我认为这种落地生根的发展方式值得效仿，但应顺其自然，无为而为。这是我们要在美国发展事业非知不可的事。如何面对如此巨大的无形力量？如何适应这样的大环境？我们应采取什么样的策略？都是值得深入研究的课题。

## 日本人在美国发展事业的模式

日本人发动第二次世界大战，侵略亚洲各国，战线甚至延伸到美国的夏威夷。最后，日本不但没有得到好处，反而受到战争的巨大毁灭，人民苦不堪言。但日本的科技基础很强，战后在美国人协助下工业复兴很快，特别是汽车工业与电子工业，很快赶上美国并且向美国市场扩张，进入美国。但当时日本政府实施外汇管制，加上犹太人控制了美国的销售网与银行业，似乎犹太人并不很乐意退出市场，因此日本人只有一条出路，在美国收购小型银行后合并成为中型银行，利用美国人的钱支持日本工商界在美国打市场，他们成功了。日本人在美国开拓市场应该说是企业行为，是政府的支持行为，不但如此，日本商社也利用美国的银行融资能力支持日本商社向全球开展业务，这个战略很好，是可以借鉴效仿的。

# 中国人在美国谋生的模式

我倾向用"谋生"这个字眼来描述中国人在美国生活的状态，而不用"发展事业"来描述。因为中国人不同于日本人，日本人在美国是企业行为，而中国人是个人行为，这是两种截然不同的发展模式。中国人在美国的发展模式比较类似犹太人，我希望在美国的华人有一天会像犹太人一样生根繁荣。

在美华人可分成 5 类谋生方式：（1）在美国的广东同乡，多数聚居于各地的唐人街，以经营餐饮业为主，而其后代已融入当地社会，并不与其他新移民的华人往来；（2）在美国的中国香港新移民，他们在香港已习惯西方文化并且已与西方银行界有悠久的历史关系，所处地位比较优越；（3）在美国的中国台湾新移民，他们之中有许多在美国接受高等教育，不回中国台湾而是定居美国。他们很多是专业人才，地位特殊，但也有一部分是从中国台湾到美国拼搏经商，这帮人敢冲敢闯敢冒险；（4）在美国的东南亚华人，这些人到美国的目标是安居乐业，半退休的心态，无所欲望；（5）在美国的越南籍华人，多作为难民移居美国，接受美国政府的生活津贴，这批人求生欲望大，肯吃苦，什么环境都可适应。这些人无路可退，必须背水一战，真正想在美国生根，刻苦耐劳，勤奋节俭，我认为这是最有发展潜力的一群人。

我的结论是：在美国经营银行，如果是商业银行，重点应该放在越籍华人上，资助他们多开小型超市和小型百货店，多卖亚洲商品，我们可以成为两地商贾的桥梁。我的第六感告诉我，这些华人在未来 100 年后，可能也会拥有犹太人今天在美国所拥有的地位。

# Stephen 公司的模式

Stephen 公司是美国纽约华尔街以外最大的投资银行之一，杰克·史蒂芬先生是这家公司的董事局主席兼总经理，战略上高瞻远瞩，眼光锐利。许多的大小企业经过他的指导与改造后，都成功地在资本市场上集资而发扬光大，取得辉煌的成长。比如世界上最大的超级市场沃尔玛（Wal-Mart），世界最大的养鸡场泰森食品（Tyson Foods），世界最大的陆路货运公司美国 JB 亨特运输服务公司（J.B. Hunter），总部都在阿肯色州，它们起初都是小公司，经过杰克·史蒂芬先生的战略性改造后在资本市场上市集资，最终成为世界一流的企业。杰克·史蒂芬先生是点石成金的投资银行家，他与兄长怀特·史蒂芬先生在《福布斯》（*Forbes*）月刊全球富豪排名是第 26 名与第 27 名，如果两兄弟联合起来，那么史蒂芬家族的财富可能排名会在 15 名以内。

他有一句名言：宁可失去一百次投资机会，但不能做一次失败的投资。可见他对于投资的谨慎态度以及对业务的战略性判断是多么小心。他总是研究企业业务的战略性地位，然后才改造企业的管理办法。我非常钦佩他的这一做法，他是值得我们学习的榜样，因此我把李白放在 Stephen 公司学习一年多。后来李白又把他的长子李川（John Riady）放在 Stephen 公司学习两年。我们与杰克·史蒂芬先生是三代世交，情同手足。有了杰克·史蒂芬，我才开始在美国发展业务，比如投资 Union Planter 银行，沃森银行等。而杰克·史蒂芬先生也参加在香港的史蒂芬金融公司，以及收购中国澳门的诚兴银行与香港华人银行，这些投资他都百分之百信任由我经营，就连在阿肯色州的沃森银行也信任交由李白去经营。我与杰克·史蒂芬是你中有我、我中有你的关系。

我有幸因为收购乔治亚州国民银行而认识杰克·史蒂芬先生。当时他问我收购美国银行的想法与计划，我表达了对美国是全球经济中心与世界金融中心这一地位的肯定，阐述了美国对世界经济的重要影响。我的观点是要做大，就必须在这个世界中心奋斗，同时我也介绍了老子的"有与无"的哲理和老子关于"合抱之木，始于毫末"的观念，因此要在这个世界经济中心与世界金融中心发展事业必须从小做起，小是大的基础，只要方针对，勤俭经营，小就可以变大。

另外，我也向他介绍我对在美国的犹太人、日本人和中国人的发展事业的模式以及什么可以效仿、什么可以借鉴，以及针对哪一个族群可以展开业务的看法，他很同意我的观点。我们都认同，以商业银行为基础而以投资银行为主干的发展模式。

## 我心目中的比尔·克林顿总统

当我决定与杰克·史蒂芬先生合资收购阿肯色州最大的沃森银行后，他在总行会议厅举行了一个午宴欢迎会。午宴开始前 15 分钟，他问我是否要会见州长比尔·克林顿（Bill Clinton）先生，我当然表示欢迎。他在我面前打电话邀请，一刻钟后州长到了会场，并被恭请上台讲话。

他首先表示代表阿肯色州政府热烈欢迎印尼的力宝集团来投资；接着他祝贺力宝集团选对了合作伙伴，他说："你要了解杰克·史蒂芬先生在阿肯色州有多大的影响力，15分钟前他打电话给我，15分钟后我马上就到了。"最后，他祝贺 Stephen 公司与力宝集团的合作圆满成功。

比尔·克林顿州长的讲话给我的印象是：他的讲话精简却非常到位，八面玲珑；克林顿先生是一位干练可亲、前程无限的年轻政治家。

沃森银行是当地规模最大的银行，也是州政府发行债券的包销银行，所以我们彼此之间的关系变得很熟络。克林顿先生与李白每天清晨风雨无阻地跑步 10 公里。据说他非常好学，知识渊博，每两天必读一本新书。他也擅长辩论，态度和蔼可亲，浑身散发出一股豪气，前途无量。有一次见面，我对他说："你将是美国第一号人物。"

后来，他真的当选为美国总统，成为美国第一号人物，他打电话邀请我到华盛顿参加总统就职典礼，从中看出他也是性情中人。

在一次交谈中，谈到美国的经济问题，我向他提意见，美国的经济发展应该倾力与有互补性的国家来往，比如有 13 亿人口新兴大市场的中国。但克林顿认为无法与中国建立深层次的国际贸易关系，并批评中国的西藏没有人权。关于这一点，我问他有没有去过西藏，读了几本有关西藏的书，他的回答是没有，只是依据民主党的传统观点。我向他建议，应该了解 1949 年西藏未解放以前，那里有几间小学，有多少妇女受过教育，有多少农奴，有几公里的公路，有多大的发电厂，是什么样的政治体制，而解放后至现在的实际情形又如何，对比后才能真正了解西藏的变化，才能明白西藏正在朝向进步的方向走。

我们必须认同，改革进步需要一定的时间。就如美国开国初期，妇女也没有选举权，美国的黑人与奴隶的地位也经过了漫长的时间演变。美国也是经过三百年的进步，才有了今天的民主、自由和人权。今天中国的人权事业取得了巨大成就，全世界应该正面看待。促进中美的经贸有利两国的经济成长，同时有利于世界的和平共处。

克林顿先生听了没有什么反应，看上去他正在深思中。可喜的是，后来他当了总统，似乎并没有反对中美两国的经贸发展。

克林顿先生的确堪称一位大才。


## 与李嘉诚先生的友情

李嘉诚先生的成功历史大家了解得比我更多，他是我崇拜的偶像。我深信，要在香港发展事业非与他相识不可。香港对我来讲人地生疏，要发展事业首先必须要有一位知交，用我的哲理讲就是"要追马必须要骑马"，那么我选择的知交就是李嘉诚先生。

我有一位朋友叫作黄卿波，他的一位同乡黄克立先生是香港海外信托银行的副董事长，是香港福建同乡的侨领也是投资专家，黄克立先生与李嘉诚先生是至交。我先请黄卿波介绍黄克立先生，用一年的时间结交黄克立先生并聘请黄先生成为我的顾问。我向他介绍印尼的银行发展策略，以及未来的国际金融事业的搭配计划，他是前辈，但最终我们成为忘年之交，黄克立先生是我在香港发展金融业的顾问与导师。经过他，我了解并认识了李嘉诚先生，那是 1971 年。

我到香港必定拜访与请教李嘉诚先生。有一次他邀我共享午茶，我们谈到资本市场，他向我提问什么是资本市场。我提出资本市场的三部曲。第一是点石成金，就是如何把一个普通的企业予以改装整合然后上市集资，再以新的远景发扬光大。第二是蛇吞象，看准具有潜力与远景的企业，用换股并集资的办法把它合并过来，并以新的远景与策略把这家企业的潜力发挥出来。第三，庄家功能。因为人性好赌，众多的股民常常彼此之间打赌某只股票的涨落，所以有关的上市公司实际上就成为赌场的庄家。我们必须抓住这庄家的身份与功能与股民博弈，虽然差价甚微，但一年 250 天股市交易，每天有几十宗来往，聚少成多就成为一宗大生意。掌握得好，这样做比该企业的主体业务的利润还高。

李嘉诚先生很欣赏我关于资本市场三部曲的见解，我们成了知交。他很支持我在香港的业务，我收购九龙的大使酒店以及金钟的力宝广场都是他让给我的交易，嘉诚兄是我在香港金融中心发展事业的动力。

有一次我到香港，嘉诚兄在他办公楼的顶层请我吃午餐。席间我随意问起有什么好项目可做，他马上提起在九龙弥敦道的大使酒店，这幢大厦是他与香港熊谷组公司的余先生合资的产业，想要脱手，售价是港币 9 亿港元。他很认真，也很慎重地对我说："这是好地点，绝对的好东西。"他又说："文正兄你可以买下，将来赚钱是你的，亏本是我的。"我向来相信和尊重他，所以不假思索地答应买下这幢酒店产业，嘉诚兄当面与熊谷组公司的余先生讲定这宗买卖，安排次日我去见余总并办理买卖的具体事务。次日，我依约去拜会余先生，谈定买卖后余总很客气地请我和李棕共用午餐。这宗交易算是定案了，双方都很满意，因为我并不还价。

想不到才过一天，余先生大清早来电要单方面毁约，我回答请他与李嘉诚先生表明此事，我只听嘉诚兄的话。收线后我立即打电话给嘉诚兄，得知余总昨天下午接到另一个买主愿意以港币 9 亿 8 千万港元买下该幢酒店大楼，今早余先生也已知会他想废约。嘉诚兄告诉余先生，他经手的生意从来不废约，虽然还未签合同收定金，但是，"君子一言，驷马难追"。如果余总坚持要提高卖价，那么超过原定 9 亿港元的 8 千万港元，嘉诚兄表态将由他私人承担，绝对不可以向李文正要，最后余总也同意照原先讲好的条件成交。

过了一个多月，有一位曼谷姓黄的钟表行老板上门找到我的第三个儿子李棕，愿意出 22 亿港币买下大使酒店，李棕建议卖掉，我同意并与黄老板成交。这笔地产的交易，只动用了 2 亿港币在两月内赚了 12 亿，成为轰动港岛的头条新闻。李嘉诚先生重友情和守合约的崇高风范令人钦佩，藉此致谢。

## 企业全球化的三部曲

前面已经详述经济全球化的趋势与形成，是不可避免的事实，那么如何把力宝集团带进这个经济全球化的大环境中，使力宝集团成为全球化的企业，这是力宝集团发展的基本策略。

印尼有一位知名的华裔经济学家彭来金教授，他的家里和办公室堆满了书籍，是一位很博学的学者。我向他请教有关经济全球化的问题，他给我讲了很多理论，受益良多，我不断地琢磨这些理论与实践的关系，如何把理论变成可行的实际步骤。经过几年的研究后，我决定采取三个步骤使力宝集团成为全球化的企业：

第一，我从美国聘请几十位财务和资本市场运作的专家，为力宝集团的业务正规化与现代化进行改组重整，这是"人力资源的全球化。"

第二，敦请这些美国人把重整后的力宝集团的力宝银行在资本市场上市集资，这是"资金的全球化。"

第三，有了资金后，又敦请这些美国人到新加坡、中国香港和美国等地开始寻找业务，这是"业务的全球化。"

力宝集团其他的企业最终都上市集资，我们是印尼资本市场成立后最早上市的企业群，继后力宝集团在中国香港和新加坡的企业都逐步上市。在印尼的大型企业里，在国外上市并利用国际资本市场的资金发展事业，力宝集团是第一家。

力宝集团是印尼最全球化的企业，是典型的点石成金与蛇吞象的例子。


## 力宝银行的前身


1975 年 6 月，我与林绍良先生签订合伙发展中亚银行的第二天，印尼最殷实的民族企业家、政治家和社会活动家，印尼工商总会（KADIN）主席哈希姆·林（Hashim Ning）先生通过好友彭来金教授邀我到他家里吃午餐。席间他问我关于印尼银行业（特别是关于原住民银行）的发展前景与策略。

　　我向他阐述印尼整体经济尚处在改革的路途上，是从苏加诺总统的社会主义计划经济向苏哈托总统的资本主义市场经济转型的初期，整体上印尼的经济基础薄弱，资金匮乏，银行业的监管法规还未完善，以及银行的服务功能与国际水平相差巨大，印尼的银行业尚处在婴孩阶段。这是弱点但也是机遇，印尼的银行业前程似锦，是值得去发展的一个行业，我个人认为是最具有前景的行业。

　　当时的印尼民族银行，可以分成三类不同身份的银行：第一是国有银行，是国家大力支持的银行，几乎近于垄断性质；第二是原住民银行，这些银行比较理想主义，一心只想做原住民企业的生意，但原住民企业家少且企业规模也小，无法满足原住民银行的需要，因此原住民银行的情形如同未开花就凋零；第三是华裔的银行，因为华裔多数经商，网络广，所以华裔的银行一开张就可立即开花，热闹但没有根。华裔的银行没有立体的经济观，所以情形如同一开花还没有结果就凋谢了。

　　根据上面的分析，后两种银行都不具备发展的条件。我认为正确的策略是：银行的资金，其根应该在广大群众上面；而资金的用途，目前因为都是短期资金，所以绝大部分应该用在短期的商贸用途上，长期放贷业务只能占很少一部分，我认为这应该是当时印尼银行业的策略。在服务客户对象方面，原住民的银行与华裔的银行都应该是开放式的思想，不应该把自己锁在小圈子里自困等死。只要把自己放在整体的印尼经济上去考量发展的思路，印尼的银行业前途是无限的。

　　我们花了很长的时间相互交换意见，突然哈希姆·林先生很坦诚地邀我参加他的印尼商业银行，股份多少由我决定，银行的资产按照账簿估价（Book Value），条件是要能在短期内赶上泛印银行，他的诚恳让我感动。当时 BPI 的资产规模比中亚银行大 50 倍，BPI 已由美国第三大的大通曼哈顿银行负责打理，声誉很好，BPI 和中亚银行完全不是同一个级别上的银行。如果只按经济算盘考虑的话，我似乎应该参加 BPI 而不是参加中亚银行的合作；但考虑到我已经与林绍良有约在先，答应别人的事情不容反复，我只好坦白地告诉他：恰好昨天我刚与林绍良先生签了合伙协议，所以无法接受他的好意。哈希姆·林先生最后要求我参加林绍良先生银行的同时也参股他的银行，我知道自己的能力只能发展一家银行，不可能同一时间发展两家银行，我再三请求他谅解并承诺等到中亚银行发展成功后，如果哈希姆·林先生届时仍需要我参股，我必定参加。最后哈希姆·林先生请彭来金教授作证我所作的承诺，我非常感谢他的诚恳，我们就此成了知交。

6 年以后也就是 1981 年，哈希姆·林先生又通过彭来金教授邀我吃饭，并开门见山地说他已经等了我 6 年，现在中亚银行已经壮大了，是印尼第五大银行，也是印尼最大的私营银行了，所以已经到时候参股他的银行，发展他的银行了。他希望我加入他的银行，并在三年内能超过泛印银行。我无话可说，接受了他的诚意邀请。哈希姆·林先生开给我参股的条件依然十分优惠，我建议只参加 49%，哈希姆·林先生拥有 51%，仍旧控股。我把这个情形告诉林绍良先生，并邀请林绍良先生参加 49% 中的一半（享有和我完全一样的优惠条件），我认为这是合作伙伴应守的道德准则。林先生同意了，事情就这么成了，我派李白主持这家银行。

在未叙述印尼商业银行发展过程之前，有必要先讲述 Bumi Bahari 银行的参股过程，因为这牵涉到未来与印尼商业银行的合并而改称力宝银行的因素。

Bumi Bahari 银行是印尼海军陆战队的福利基金会下属的一家银行，总经理是努尔呦诺（Nuryono）海军中校，他也是印尼民族银行公会的理事，为人正直刚毅，受人尊敬。有一次他参加印尼民族银行公会的年会，当时我是主讲人之一，演讲题目是"银行的商品与功能"。

努尔呦诺先生听完我的演讲后很受启发，因而约我见面，其重点是想邀我入股并主持 Bumi Bahari 银行的未来发展。他诚恳的态度让我很感动，但鉴于第一，我没有与印尼军人合作与共事的经验；第二，我正全力发展中亚银行的业务，恐力不从心，因此我无法接受他的邀请。可是这位中校很执着，在三个月内连续来拜访我几次，最后他甚至敦请当时的海军总司令出面游说我参股。我感受到他们的诚意，最终同意参股 50%，后来我委派李裕隆博士去主持这家银行的业务。

下面是 1981 年我在印尼民族银行年会上的演讲稿以及 1984 年我在美国哈佛大学的演讲稿。这两篇文章代表了我对银行业的认识以及对太平洋盆地银行业发展的看法，也是我发展力宝集团的中心思想与理念。

## 银行的商品与功能

在印尼民族银行年会上的演讲，1981 年

我有一个美梦，就是有一天可以成为一个银行家。而要做好一个银行家，就必须对银行经营的商品有深入的了解，因此，我经常

在研究银行究竟是一个什么行业，银行究竟买卖什么商品。许多人跟我讲过，银行就是一个买卖货币的行业，银行的商品就是"钱"；但是经过多方的探讨，我领悟到：银行实际上不是"货币"买卖的场所，而是"信用"买卖的场所。比如说，你存了100万盾到银行，银行给你一张收据，说明它收到了这100万盾。你是相信这家银行，才会把100万盾交给它。你是用100万盾购买了这家银行的信用。同样的，银行将100万盾贷给某人买房子，借贷者把买来的房子租给别人100年，并将100年租金收到了自己的口袋，这就牵涉房屋所有权和使用权归属的问题，借贷者将房屋的所有权抵押给银行，但仍拥有房屋的使用权，可以将房屋租给别人赚取利润，这就等于说，这个房屋对于银行一点儿价值都没有，所以说银行借贷给某个客户100万盾，实际上也是购买他的信用。因此，银行真正的商品不是钱，而是"信用"。

另外，银行具有什么功能？在我看来，银行的功能就是信用的扩张。一块钱的真正价值在一个不懂得应用的人手上只有五角钱，可是如果这一块钱在银行家的手上，银行有一个信用的功能在里面，那么这一块钱究竟能发挥多少倍的信用？举例来说，一个搭载100名乘客的飞机，没有必要配备100个洗手间，它只需三个就能基本满足乘客的需要。同样的，在拥有1 000名学生的学校里，洗手间大概也只有30间，这说明什么？在交替轮流使用洗手间的时候，1 000个人就不需要1 000个洗手间。银行放贷的情况也是类似的，假如今天银行有100个客户，我向每个客户承诺放贷一块钱，总共承诺了100块钱，可是这100个客户并没有同时把贷款额全数用尽，真正用钱的人大概只有20%，这样，银行就可以把100块钱的资金承诺放贷 5 倍，即可以承诺 500 块钱的贷款总额。此外，银行承诺放贷给 100 位客户，其中有 80 位客户不用钱的时候，一般情况反而会有钱存在银行里。假设 80 位客户的存款是 50 块钱，那么银行又可以把这 50 块钱中的 20% 再以 5 倍的放贷承诺扩张放贷。总的来说，一块钱的资金在银行家手上，其信用扩张的功能是非常惊人的。尤其当银行的客户数目很大时，银行的信用扩张能力就越大。

银行又有另一个功能是成为客户群（每个行业的上中下游的客户群）的商贸交付清算中心，这个功能是最有利的功能，是银行最重要的功能。

讲到银行的支付清算的功能，我想把这个功能扩大到全球性的货币的信用扩张功能，这就是过去的英镑货币与目前的美元货币，曾经都是世界的商贸计价的货币，所以就成为世界商贸支付清算的中心。

在布雷顿森林体系下，美国货币实行黄金本位制，所以被称为"美金"。美国尼克松总统 1971 年取消布雷顿森林体系后，美元就变成了无实质黄金或白银储备的货币，也就是白条的货币，仅仅用一张纸就把全球的财富集中在美国的美元上。美元被公认为全球商品计价的货币，由此衍生出定价权。我们知道，国际上石油的价钱都是用美元来计算的，即便在任何一个国家，石油的基价都是以美元为标准。正是因为美元成为商品的计价单位，美国就可以对商品进行定价，经过期货等种种衍生功能，美元就具有了定价权。

那么商品计价的货币到底发生了什么作用？由于买卖双方都以美元作为货币的标准，所以买卖双方都要在美国的银行开立账户。比如说，买家向卖家购买一桶石油，大概是 100 美元，那么买家就必须预先把 100 美元的现金存放在美国的银行账户，待交易时把钱交给卖方，而卖方收到美元后也不是存放在他自己的国家，而是存放在美国的银行里，所以全球的商品买卖基本上都是在美国的银行系统内完成，相当于钱从美国左边的口袋转移到右边的口袋，从来没有离开过美国的银行系统。大家设想一下，全世界每年的商品交易额大概有几万亿美元，它们都在无代价地存放在美国的银行系统里，所以美元成为国际贸易结算的货币、期货的货币、债务的货币、证券的货币，全世界的中央银行都需要把一部分的资金存放在美国的银行，当作每个国家的货币的储备金。因为美元是全球货币的结算货币，所以美国就成为全世界的中央银行，控制着无法估量的免息资金。我这里讲的免息资金不是存款，而是商品交易的资金。因此，美国掌握着具有无限权威的全球金融制空权。

我们讲到美元货币的功能这么大，那么它所依赖的信心是什么？

第一是美国庞大的税收额数；第二是美国庞大的 GDP 额数；第三是美国国际贸易衍生出来的商品定价权。靠着这三样因素，美元虽然是白条，但仍然得到全世界人民的信任。

另外一个重要的问题，是美国霸占式的石油贸易外交。这个贸易外交是基于什么呢？第一，它以强力的金融制空权为后盾；第二，是美国强大的军事力量；第三，是美国用没有监控的期货工具来操纵世界的石油市场。基于上述三种因素，又把美国的货币与金融市场扩张，提升到了另外一个层次。

但是美国政府的滥发货币与无限度的金融衍生工具的发展，如果没有适当的监控，未来必然像一个企业，资产负债表与盈利不健全的结果必定产生企业衰退和倒闭的可能性。

上面讲明银行的信用机制与功能，小到一家地方性银行大到一个国家的中央银行，都具有信用的机制与信用扩张的功能，所以，在讲到银行的发展的课题上，首先要了解本身具有的信用是什么，然后再研究如何应用这个信用，如何包装这个信用成为有利于客户的服务产品，继之是如何自我控制以达到无风险的业务境界，这些问题的答案也就是发展银行的措施和途径。

最后我再一次强调：印尼处于发展与建设经济的初期，正是发展银行业务的好机会，大家应抓住良机，祝各位前程似锦。谢谢！

# 在哈佛大学的演讲

## 太平洋区域未来的发展与趋势 ①

哈佛大学东亚会议，马萨诸塞州，1984 年 5 月 4 日

当讨论到 20 世纪 90 年代太平洋区域银行业的发展，首先最重要的一点是要对这个区域的政治、经济、商业结构有个全面的了解。那么现在，我主要认为有三个重要的改变。

第一，太平洋区域逐渐演变成全球新的经济中心之一；

第二，在过去的 20 年，美国的经济结构在发生改变；

第三，国际经济与贸易的结构和形式在发生改变。

那么，我先说一下这些改变中的第一个，太平洋区域作为全球

---

① 本文为力宝集团主席李文正1984年5月4日在哈佛大学东亚会议上的英文演讲稿，题为《太平洋区域未来的发展与趋势》，感谢清华大学赵梅博士译成中文。

新经济中心的变化。

19 世纪蒸汽机的发明引导着工业的变革，欧洲人将大部分目光投向世界科学与技术的发展，几乎控制着全球政治与经济。结果就是，大西洋经济带发展成为了世界第一及最重要的经济中心，包括附属的美洲东岸周边和整个美国。因此，大西洋经济带被世界所熟知。

第二次世界大战结束时，日本从它的失败中学到了难忘的一课，即重建国家和构建民主的政治体系。之后的 35 年，在美国的帮助下，日本集中了巨大的精力发展它的经济，目前已经成长为亚洲经济增长的主要驱动力。在 20 世纪 50 年代期间，日本大力发展纺织产业，这一举措使日本很快在世界纺织贸易中占据主导地位。在 60 年代，日本再次集中精力发展钢铁、轮船航运产业，很快也成为上述行业的世界领先者。在 70 年代，日本着重发展汽车生产和电子消费产品行业，时至今日，仍在全世界汽车生产和电子消费产品领域占据着重要地位。现在是 20 世纪 80 年代，日本引领着高科技、计算机和机器人产业的发展。这一次，它的目标是引领世界的这一领域，并确保占领全球市场。

当我们仔细看日本产业的发展历程，如我刚刚所简述的，很明显地可以看出，日本每十年就集中精力发展某一个特殊的战略性产业；成功后，他们仍继续巩固在这个产业的核心领导地位。在实施这样的战略过程当中，对于每一个十年战略，当本国的经济环境条件变得不再适合这个战略产业继续在国内发展的时候，这个产业就被迫转移到更适合的邻近国家和地区。这些邻近国家和地区主要包括：韩国、中国台湾和香港、新加坡；随后扩展到东南亚其他国家，如马来西亚、泰国、菲律宾和印度尼西亚。结果，伴随着第二次世界大战结束后的独立，产业转移的过程使得以上这些国家和地区在经济转型过程中都取得了明显的经济增长。在过去的 20 年，日本、韩国、中国台湾和香港、新加坡是世界上经济增长率最快的几个国家和地区，这也是许多国家把这 5 个区域称为"亚洲五龙"的原因。

我认为这个名字很贴切，反映了这些区域的真实情况。必须要注意的是，"龙"在传统东方文化中，是很重要的标志，是中国传统文化中一个神话的象征，曾象征古代社会的皇帝。如果让这 5 个国家和地区的人用自己国家的语言习惯写"龙"这个字，写出来的结果是一样的。或许，这更好地诠释了中国文化对这 5 个国家和地区的巨大影响。这一影响的根源是主张高的道德标准和所谓"中庸之道"的儒家文化。这 5 个国家和地区的劳动人民和管理者之间相处十分和谐，与西方国家劳动者与管理者之间的关系形成强烈的反差，也许这就是太平洋地区经济快速发展的一个重要原因。另外一个重要原因就是，这个区域的人们拥有令人自豪的丰富文化遗产，因此他们相对来说可以很容易地吸收现代科学和技术。

另外，对"亚洲五龙"来说，不应该忘记的是大量的中国华侨参与了上述 5 个国家和地区以及其他东南亚国家的经济建设，正因如此，这些国家的经济发展在一定程度上也受到了"龙"的影响。

因此，太平洋区域成为世界上第二个经济中心，而且有潜力继续保持增长。当回顾这个区域与美国西海岸的商业与经济活动时，我们可以看到，双方在相互需求的基础上形成了互利关系，且这种关系变得更加的亲密。很重要的一点需要知道，美国科学、技术和工业的繁荣发展，推动了薪资标准的提升，进而导致劳动密集型制造业和轻工业的成本持续增加。

美国在轻工业和劳动密集型产业上高昂的劳动力成本是其与亚洲其他国家竞争的不利因素。这就致使亚洲国家利用低廉的劳动力成本优势，将轻工业和劳动力密集型产品出口到美国。另外，美国利用亚洲经济发展释放出来的新购买力，将其拥有的先进技术和丰富的农产品出口到亚洲。因此，这两个太平洋海岸的贸易越来越频繁，满足着两岸各自不同的需求。最终，整个太平洋区域发展成为了经济中心。这个过程也被看作是"亚洲－太平洋"区域的对外扩张，推动并打破了之前相对孤立的状态。

现在，我想说一下我前面所说的第二大改变，就是美国经济结构的改变。

作为一个亚洲人，我不是很有资格将美国的经济讲给这一大批美国听众。但是，如果只是说亚洲的经济而不涉及美国的经济是没有意义的。因此，我会尽我自己最大的努力与这一领域杰出的来宾和专家讨论这一课题。

第二次世界大战期间，苏联从这场战争中攫取了相当可观的利益。在第二次世界大战结束后，它利用自己的影响力在战后出现权力真空的国家与地区建立了共产党领导的新政权。尽管这样，它仍然败给了美国，美国作为唯一一个在第二次世界大战中本土未受到任何战火毁坏的西方大国，维持并保护了资本主义的稳定，同时对抗苏联模式的政治经济体制。美国由此成为全世界的国际警察。

赋予国际警察责任的结果是，美国发现自己卷入了朝鲜战争和越南战争，这两场战争导致了美国大笔的军事开销。如果美国的战时当局在两场战争中，实行战时经济，而不是实行和平年代的经济，这很可能会减小美国当今遇到的经济问题。

我现在想简明地说一下美国经济结构调整的影响。

第一个改变是美元贬值，强迫美国放弃黄金标准，采用浮动汇率制度。

第二次世界大战以后，美元成了世界上最有影响力和流通率最高的货币，并成为所有国际贸易中的标准货币单位，结果是美元成为全世界通用的货币。美元浮动汇率的改变对全球经济的货币流通体系产生了巨大的影响，进而导致了全球贸易和金融非常激烈的竞争和对抗。比如说，为了巩固日本产品在海外市场的销量，阻止进口产品进入日本市场，日本只需要将日元贬值。另外，如果美国发现自己面临着金融与经济问题，它当然可以增加利率，但是这一举动将会对世界其他国家的经济产生巨大影响。因此，第一个改变是第二个改变的先决引导条件，这也就是美国经济国际化。我们现在将第二大改变说得再详细一些。

作为资本主义的守护者和履行国际警察的职责，美国的目的是反对苏联。因此，为了平衡和限制共产主义的影响，美国必须对其他国家和地区提供支持。比如，亚洲的韩国、日本、中国台湾，西欧的西德。更进一步来说，美国必须支持大量的经济不发达国家，为了确保他们不被共产主义所控制。这意味着，全部的金融与经济准则的实施，需要考虑到美国政府的政治因素。这一手段也促使美国经济的快速国际化。这也就导致美国的产业和商业在做核心决定时，由最初只考虑国内因素而作决策，转变为同时需要考虑世界其他国家的因素，另外，还要适应其他国家的金融和经济政策。让我举一个例子说明。在过去，美国福特汽车只需要考虑国内汽车制造业的竞争。现在，它被迫需要考虑日本及西欧国家的汽车公司的战略与策略。一个相似的改变就是，现在美国政府制定的所有的金融和经济政策受到了来自世界其他国家的阻碍、干涉和压力，换言之，美国经济变成了名副其实的国际化。

美国经济结构转变的第三个重点是解除对银行业的监管。近些年，美国政府采取了解除对经济活动管制的政策，目的是为了减少或消除贸易保护，鼓励自由竞争。取消监管的最主要的领域之一是银行业。在过去，美国的银行法很大程度上限制了美国银行向本国内其他州的扩张。有些时候，还严格限制在同一个州的不同城市设立分支机构。这些严厉的法律导致的结果是，美国的主要银行并没有大力在国内发展，而是进行国际化的发展。这种国际化的扩张给国内银行业市场留下了巨大的发展空间。如果今天这些严厉的法律完全被取消，我相信大量的美国银行将会改变他们的关注点，集中精力努力在国内市场扩张，以填补刚刚提到的空白。这个趋势已经形成，而且美国银行家们也在问自己这种趋势形成后的影响将是什么。目前，我们讨论的三大改变中的第二点，即美元浮动利率的货币政策的改变，美国经济国际化和取消银行业监管的影响。我在第二个改变的特征中再加一点，即"点对面"结构的概念，这也是我即将要提到的第三大改变的基础。

第三大重要改变是太平洋地区国际经济贸易形式和结构上的改变。

为了说明这个改变，必须要同时考虑诸如美国在国际上扮演保护者或警察角色等的相关因素。更多的，也有必要去考虑美国由于科学和技术的巨大进步导致战后生产力空前增长，人民生活水平相应提高的因素。然而，劳动密集型产业面临着国内薪水的增加，需搜寻国外的投资机遇，以提供廉价劳动力来保留国际市场的竞争力。

这种投资模式的转变，发展了落后国家的经济。这就导致许多重要的美国国内公司，开始变成大型跨国公司。

他们在国外建设工厂、建立国外市场和业务分布网络。这种发展模式迅速被大量西欧的公司学习。这种在产业和市场发展中的转变是国际贸易关系和模式上的重要转型。以前，贸易关系讲的是两个点，我称之为"点对点"。但是现在，有证据证明，这种关系更倾向于"点对面"，或者是包含更大的目标。换言之，早前的贸易关系是一个国家的出口商或生产商与另一个国家的进口商的关系，但是现在发展成为了出口商直接面对市场，向目标国家和市场分布营销网络，销售自己的产品。这也就是我说的国际贸易关系的改变，从"点对点"到"点对面"的网络概念。

也就是说，现代的贸易需要在目标市场或国家拥有销售网络和良好的组织结构。销售员穿一身西装的时代将没有多大作用。为了能在今天的贸易环境中成功，贸易场所必须是国际化的，有一个全球的营销网络，可以快速地调动人力、信息和金融资源，向市场的改变和竞争做出最快的反应。

现在，我将对太平洋区域经济发展的这三个重要的改变做一个总结。

正如我们位于太平洋区域，很重要的一点是我们需要正确意识到太平洋沿岸已经成为世界第二大经济中心。

作为一个新的经济中心，太平洋区域可以通过特殊的需求和特征，被分为四个不同类别的区域。

第一类指国土面积很小、自然资源匮乏、人口密度高的国家和地区。这些国家和地区拥有高度发达的技术和工业基础。这一类别包括"亚洲五龙"：韩国、日本、中国台湾、中国香港和新加坡。

第二类包括国土面积大、自然资源丰富、人口密度高，但工业基础欠发达的国家。中国、印度尼西亚和马来西亚属于这类。

第三种类包含国土面积相对较小，自然资源不是很丰富，工业和科技基础薄弱的国家。比如泰国、菲律宾。

第四类主要是指国土面积大、资源丰富、有一定数量的人口和高度发达的工业和农业基础的国家，如加拿大、美国和澳大利亚。

很明显，这四个不同类别的国家和地区有不同的需求，因此，为了满足不同的需求，他们之间的国际贸易会增加，他们之间的关系会变得更加相互依存。在未来，由于区域经济的增长，每个国家会发挥自己的优势。如果这些发生，在未来的某一个时间点上，日本及其他第一类别的国家和地区成为这一区域的机械和科技服务的供应商；中国和印度尼西亚这种第二类别的国家会成为这一区域原材料和劳动力的提供者；第三类别的国家，比如泰国和菲律宾，会成为劳动力密集型产业的供应者；第四类别的国家，如加拿大、美国和澳大利亚，会成为高科技和农业产品的供应商，也会成为整个区域最大的消费市场。

通过准确了解我刚罗列出来的经济改变，我们能够对银行在这一区域的发展方向做出更加明确的决定。如果这样做，我们确信银行业可以通过扮演合适的角色，取得更好的结果和利润。纵观太平洋区域的主要经济变化，我确信银行家有义务教育和鼓励他们的客户更明确地理解这一改变，并适时提高他们的管理质量。

总的来说，伴随着美国和日本的期待，太平洋经济带的银行应更多地关注到"点对面"的趋势，寻找适当的方法克服日益激烈的竞争。

我刚提到的"面－区域"网络概念，本质上是商业网络。银行业的工作范围已经蔓延到社会中的每一层面。银行现在已经成为个人和机构金融活动的代理，工业、商业和经济改变的媒介。而且，它们同样是个人和机构的投资咨询机构。

不久的将来，在太平洋区域，银行将会在个人与机构之间扮演更重要的角色。通过银行的电脑高科技快速发展可以看出来，家庭银行很快会成为现实。几乎所有的商业机构，会通过银行交易系统进行，无论是村庄里的小额交易、城市或省份的中等交易，国家间的大额交易或者更大额度的国际间的交易。最终，为了更好地服务于商业社会，银行也必须通过扩张和搭建商业网络来尽快提升自己，适应太平洋经济圈新的转变，这个网络正如我刚提到的，将覆盖地域、国家、省份和城市。

构建银行的网络可以通过三个渠道：第一，在关键的区域直接设立代表处或分行；第二，与关键区域的银行进行合作或合伙经营，这样可以搭建成熟的供应链，满足各自的需求；第三，在关键区域直接购买银行，也就是所谓的扩张。

女士们和先生们，当我们努力预测太平洋区域银行业未来的发展和趋势时，我们必须清楚地意识到我们正在面对不断变化的政局、经济、监管和技术环境。尽管如此，我认为我刚刚说的发展趋势，尤其是"面－区域"网络战略趋势，在未来，将会越来越明显。

谢谢大家。

（附演讲原文）

## Future Development and Trends In the Pacific Basin

By Mochtar Riady, Chairman, Lippo Group
East Asia Conference Harvard University Cambridge,
Massachusetts May 4, 1984

When discussing the development of banking during the 1990s in the Pacific Basin, it is very important to first of all have an understanding of the changes in the political, economic and commercial structure in the region. At present, it is possible to pinpoint three major changes.

Firstly, there is the emergence of the Pacific Basin as a new world economic center.

Secondly, there are changes over the last twenty years in the economic structure of the United States, and,

Thirdly, there are changes in the pattern and mode of international trade and commerce.

To begin with, I would like to take a look at the first of these changes, the emergence of the Pacific Basin as a new world economic center.

The invention in the nineteenth century of the steam engine heralded the Industrial Revolution and the Europeans, vastly superior to the rest of the world in terms of scientific and technological development, wielded an almost total control over world politics and economy. As a result, the economy around the Atlantic Basin developed into the world's first and foremost economic center, including on its periphery the eastern seaboard and the United States. Hence, it became known as the Atlantic Basin Economic Center.

At the conclusion of World War II , Japan, which had learned bitter lesson from her defeat, set about reconstructing herself and implementing a democratic political system. For the next three and a half decades, with assistance from the United States, Japan made enormous effort to develop her economy, and today she has grown to be the major driving force behind all economic development in Asia. During the 1950s, Japan put up great effort in developing her textile industry, which subsequently took up a most dominant position in the world textile trade. During the 1960s, Japan put her muscle behind her iron, steel and ship-building industries and very soon she found herself once again in a leading position, thereby gaining a firm grip on iron, steel and ship-building markets all over the world. The 1970s saw Japan tackling the automotive and consumer electronics industries and even today, the country still enjoys domination of the world markets in cars and consumer electronic products. Now, in the 1980s, we see Japan forging ahead with development with high technology, computer and robot industries. Once again, her aim is to lead the world in this field and secure a firm grip on world markets.

When we look at the development of Japanese industry, as I have so briefly outlined, it would appear that Japan has put all her energy into developing one particular strategic industry every ten years and, having succeeded, then went on to harness world markets in this industry. As this process continues, every decade sees another strategic industry no longer suitable to the changing environmental conditions at home and consequently obliged to relocate to neighboring countries and regions more suitable for those industries. These neighboring countries and regions primarily include South Korea, Singapore, China's Taiwan and Hong Kong initially, and from those countries and regions, the extension continues outward to other countries in Southeast Asia, such as Malaysia, Thailand, the Philippines and Indonesia. As a result of the rippling effects on the above industry-relocation process, these various countries and regions have achieved significant economic growth, along with the independence they gained at the end of World War Ⅱ. Over the last twenty years, Japan, South Korea, China's Taiwan and Hong Kong and Singapore have registered among the highest economic growth rates in the world. It is for this reason that the press in many countries have referred to these five countries and regions as "Asia's Five Dragons".

I feel that this name is very appropriate, and it reflects very realistically the situation which exists in this area. For it must be remembered the dragon is an important symbol in the Oriental culture, a mythological creature in Chinese tradition and, of course, the seal of the Emperor in ancient times. Ask the people of these five countries and regions to write the word "Dragon" in their own language and they will all come out with the exact same character. It is this, perhaps, which best illustrates the enormous influence that Chinese culture has had on each of the five countries and regions. This influence has its origins in ancient Chinese Confucianism, which advocated high moral principles and the so-called doctrine of the mean. As a result, relations between labor and management in the five countries and regions tend to be harmonious and coordinated, in stark contrast to the sharp confrontation between labor and management in the modern western world. This is perhaps one of the most important factors which have contributed to the fast economic and industrial growth in the Pacific Basin. Another important factor is that the people of these regions boast a very ancient cultural heritage and hence they are able to absorb modern science and technology relatively easily.

In addition to the Five Dragons, it should not be forgotten that large numbers of ethnic Chinese are involved in economic activities in almost all other countries in Southeast Asia, and thus they, too, have to a certain extent been influenced by elements of the "Dragon".

The Pacific Basin has, therefore, become the world's second economic center and has the best potential for continued and sustained growth in the world. When one looks at the commercial and economic activities that exist between this area and the western seaboard of the United States, one can see that there exists a relationship of mutual benefit of each supplying the other's needs. This relationship is becoming increasingly close. It is very important to understand that the enormous developments in science, technology and industry in the United States and the resultant improvements in the standard of living sent wages soaring, which brought about continual increases in the manufacturing costs of light and labor-intensive industries.

Higher labor costs in light and labor-intensive industries in the United States meant a great disadvantage for the United States in competing with various Asian countries. This leads the Asian countries to establish light and labor-intensive industries for exports to the United States to take advantage of their low labor costs. On the other hand, the

United States, being superior in technology and abundant in agricultural products, exported these products to Asia to take advantage of Asia's new-found purchasing power. Thus, trade between the two Pacific coasts became more and more frequent, with each side filling in the other's gaps. Eventually, the entire Pacific Basin developed into an economic center. In another sense this process may also be seen as a move on the part of Asian-Pacific countries to expand outward, breaking their former isolation.

At this point, I would now like to take a look at the second of changes which I cited at the beginning of my paper; that is, the changes in the economic structure of the United States.

Being an Asian, I'm less qualified to speak on the U.S. economy to this so large a U.S. audience. However, it is meaningless to look at the Pacific Basin economic center without relating to the U.S. economy. Consequently, I will try my best to discuss this subject with the distinguished guests and experts in this field.

During World War Ⅱ, Soviet Union reaped considerable benefits from the fighting. When the war ended, she used her influence to spread communism throughout all regions which had been left in a vacuum as a result of the war. Thus, it fell to the United States, as the only western country not to have suffered any destruction on her own soil during the war, to maintain and protect the stability of capitalism and balance it against the communist activities of Soviet Union. The United States became the international policeman of the world.

As a consequence of the responsibility, the United States found herself involved in both the Korean War and the Vietnam War. Her participation in both of these wars resulted in very considerable military expenditures. If the American government of the day had tackled the two wars with a war economy, instead of a peace-time economy, then perhaps it might have greatly lessened present-day American economic problems.

I would now like to briefly run through the effects of the changes in the structure of the U.S. economy.

The first change is the weakening of the U.S. dollar, which forced the

U.S. to abandon the gold standard and adopt a floating currency system.

After World War II , the American dollar was the most powerful and influential currency in the world; it also became the standard monetary unit for all international trade, and consequently, an internationally accepted currency. The change of the American dollar to a floating currency system has created enormous repercussions throughout the world economy. Extremely fierce competition and confrontation have developed throughout global trade and finance. For example, in order to strengthen the sales of Japanese goods to overseas markets and prevent imports from entering the Japanese market, all she has to do is to depreciate the Japanese yen. On the other hand, if the United States found herself burdened with financial and economic problems, it could of course raise interest rates, but such a move would affect economic conditions in other countries throughout the world. Therefore, this first change is the precursor to the second change; that is the internationalization of the American economy. Let's now dwell more on this second change.

In its role as guardian of capitalism and in the implementation of police aimed at opposing Soviet Union, The United States has been obliged to provide support for other countries and regions in the world so as to balance and limit the spread of communism. Witness, for example, South Korea, Japan and China's Taiwan in Asia, and West Germany in Western Europe. Furthermore, the United States has to support various economically backward countries in order to ensure that they, too, are not dominated by communism. What this means is that the entire spectrum of financial and economic measures implemented by the United States government requires consideration of political factors. The implication is that the United States' economy is becoming increasingly internationalized. The consequence of internationalization has been that American industry and commerce, which previously only had to reckon with domestic factors in making key decisions, now also has to take into consideration foreign factors from other countries and, in addition, the financial and economic measures adopted by the governments of other countries. Let me cite an example. In the past, the American Ford Motor Company only had to consider competition from domestic automotive companies. Today, it is forced to assess strategies and tactics of all Japanese automotive companies as well as competitors in Western Europe. A similar change has now been reached at which all financial and economic policies drawn up by the American government are subject to obstruction, interference or coercion from numerous other countries of the world. In other words, the American economy has now became truly internationalized.

The deregulation of the banking industry is the third change in the American economic structure. In recent years, the American government has adopted policies toward deregulating the economic activities in the United States. The aim is to reduce or eliminate protectionism and encourage free competition. One of the main areas of deregulation has been in the banking industry. In the past, American banking laws severely limited the expansion of American banks beyond their home state. In some cases, there were even restrictions prohibiting the establishment of branches in different cities within the same state. The effect of these stringent laws was an expansion by most major American banks not domestically, but internationally. This international expansion abroad left a huge vacuum in the domestic United States market. If today those restriction laws were completely abolished, I believe the major American banks would almost certainly realign their attention, concentration and efforts toward domestic expansion thereby filling the vacuum just mentioned. This trend has already taken place and U.S. bankers are asking themselves what the effects will be. Therefore, we have discussed the second of the three changes which was reflected by the change to the floating currency system of the U.S. dollar, the internationalization of the American economy and the deregulation of the banking industry. I add here that these second changes are characterized by the concept of a "point-to-pan-regional" structure which is the basis of my discussion in the third change.

The third of these three major changes in the Pacific Basin is the changes in the pattern and mode of international trade and commerce.

It is necessary to examine this change in light of related factors such as the United States' role as international protector or policeman. Furthermore, it is important to take into account the country's unprecedented post-war increases in productivity resulting from tremendous advancement in science and technology. Coupled with this development were, of course, corresponding increases in the standards of living. However, labor-intensive industries, faced with increases in wages at home, looked overseas for investment opportunities in countries offering cheaper labor in order to remain competitive in world markets. Such a shift of investments, in a way, strengthened the economies of backward countries. Most major American companies, then, set about organizing multinational corporations.

They build factories abroad and set up abroad marketing and distribution networks. This model was soon imitated by large western European companies. Such changes or shifts in industrial and marketing development are important structural changes in trade relations and patterns. Previously, trade relation had been between two local points, or what I refer to as "point-to-point" relationship, but now there is evidence of changes toward a relationship between a localized point and a pan-regional, or a more embracing target. In other words, whereas previously trade relations had been between an exporter or producer in one country and an importer in another, they were now developing toward the present-day set-up in which the exporter directly establishes a marketing and distribution network in the target country and markets his products through his own sales network. This, then, is what I mean by a structural change in international trade relations and pattern from a "point-to-point" relationship to a "point-to-regional" network concept.

In other words, modern trading needs network and organization in the target market area or countries. The time of a salesman with a suitcase is no longer effective. To succeed in today's trading environment the trading house must be international, with a network all over the world which can mobilize manpower, information and financial resources rapidly prior to or in response to market changes and competition.

Now I come to the conclusion which I feel can be drawn from the three important changes in the Pacific Basin scenario.

Situated as we are in the Pacific Basin, it is vital that we understand correctly the emergence of the Pacific Basin as the world's second economic center.

As a new economic center, the Pacific Basin can be divided into four different categories of countries, with unique and specific needs and characteristics.

The first category is identifiable in that the countries and regions are generally small in size, with no natural resources available and a high population density. The countries and regions possess an industrial base with highly developed technology. This category includes the Five Dragons of South Korea, Japan, China's Taiwan and Hong Kong and Singapore.

The second category includes large countries with an abundance of natural resources and a large population but with a weak industrial base. China, Indonesia and Malaysia fall into this category.

The third category comprises countries which are relatively small in size, not too rich in natural resources and with a weak base of industry and technology. Thailand and the Philippines are examples.

Finally, the fourth category embraces those countries of a large size, rich in resources, blessed with a reasonably-sized population, and with highly developed industrial and agricultural base such as Canada, the United States and Australia.

Clearly, the countries and regions in each of these four categories have very different needs, and hence, with each one supplying the other's needs, international trade between them will increase and relationships become more interdependent. In the coming years, as the economies of the region grow, each country and region will be able to develop to its own advantage. As this happens, it seems very probable that at some point in the future, Japan and those in the first category will become suppliers of machinery and technological services for the region, while China and Indonesia of the second category will become suppliers of industrial raw material and labor for the region. Countries in the third category, such as Thailand and the Philippines, will become suppliers of labor-intensive light industrial products. The countries of the fourth category such as Canada, the United States and Australia, will become suppliers of high technology and agriculture products, as well as being the largest consumer markets of the entire region.

By understanding exactly the economic changes which I have outlined, we are able to make far more accurate decisions concerning the direction that banking development should take in this region. In doing so, we are sure that banks will achieve greater results and benefits by playing the right roles. In view of the major economic changes in the Pacific Basin, I firmly believe that bankers have a duty to educate and encourage their clients to understand the changes more clearly and improve their management qualities accordingly.

In general, banks in the Pacific Basin, with the possible exceptions of the United States and Japan, should pay more attention to the "point-to-pan-regional" trend, and find appropriate methods to overcome the ever-increasing fierce competition.

The "pan-regional" network concept which I just mentioned is essentially a business network. The sphere of banking services has already spread to just about every layer of the society. Banks have now become agents for financial activities of both individuals and institutions, and intermediaries for industrial, commercial and economic exchanges. Furthermore, they also act as investment consultants for both individuals and institutions.

Bank will play an ever-increasing role to both individuals and institutions in the Pacific Basin in the near future. In view of the rapid advancement of computer technology in banking, home banking will become a reality in the not too distant future. As for institutions nearly all business transactions will go through the banking systems no matter whether they are small transactions in the villages, middle-size transactions in the city or in the state, large transactions within the country, or the largest transactions internationally. Consequently, to serve the business community well, banks must adapt themselves well to the new changes in the Pacific Basin by expanding and strengthening their network within the Pacific Basin to cover the region, the countries, the states and the cities I just mentioned.

The construction of such banking networks can be done in three different ways: firstly, by directly establishing representative offices and/or branches in key regions; secondly, by entering into cooperation or joint venture business relationship with banks already operating in the key region, so as to create a relationship of mutual supply of each other's needs; and thirdly, by purchasing existing banks in key regions as a means of expansion.

Ladies and gentlemen, when trying to predict the future development and trends of banking in the Pacific Basin, we must always be aware of the ever-changing political, economic, regulatory and technological environment that we are dealing with. Nevertheless, I fell the development and trends I have outlined, in particular the trend toward the "pan-regional" network strategy, will be one that will be more and more evident in the future.

Thank you.

## 印尼商业银行的业务改革计划

印尼商业银行是一家印尼原住民的银行，受到政府的特别关照，业主哈希姆·林先生是印尼企业界德高望重的领袖和有远见、有抱负的实业家。在经营银行的策略上他持开明的理念，聘请了美国大通曼哈顿银行（Chase Manhattan Bank）代为经营与管理，所以这家银行的行政管理非常规范，管理层都是经过大通曼哈顿银行培训的专业人才，基础良好，按照常理来说这家银行的业务应该发展得很好。

经过三个月的深入了解，我发现这家银行虽然资产状况良好，但是定位有问题。它把自己定位为大企业银行与原住民的银行，这个定位引出两个难题：第一，银行的资本金与大企业银行的定位不相匹配，所以无法发展；第二，专做原住民企业的业务，把自己锁在笼子里，无法在广泛的基础上发展，其结果是银行的放贷能力无法满足大企业的需求，但聘用的却是高薪的专业人才，大材小用，费用高，浪费大，但业务却无法展开。这成为银行无法发展的致命症结。经过研究后，我向哈希姆·林先生提出业务改革方案：

（1）定位要改变，不要把自己捆绑在大企业范围内，应较灵活，先小后大；（2）跨出"原住民银行"的框架，改为全民的银行；（3）争取印尼的汽车零件行业、自行车零件行业、摩托车零件行业、杂货商行业、布匹行业和成衣行业等的上中下游行业链的客户，成为6个行业的商贸支付银行以及中介银行；（4）向上述6个行业提供进口贸易融资；（5）向上述6个行业推荐介绍中国台湾、韩国、日本、中国大陆等的零件制造商；（6）向上述6个行业提供在中国香港及新加坡的转口业务服务；（7）向上述6个行业提供最便捷的国内外汇款服务；（8）向上述6个行业提供最合理的外汇交易；（9）依着上述6个行业的网络而开设分行（300家分行）；（10）培训符合上述6个行业需要的营业人才及外汇银行的业务人才；（11）辞退一些不称职的高薪人员；（12）重新编制预算，节省开支，以增效益；（13）增加银行的资本金以提高银行的融资能力，满足上述6个行业的需要；（14）争取在4年内我们的业务超过泛印银行；（15）为了配合上述第（3）、（4）、（5）、（6）、（7）、（8）条业务计划，必须加强力宝集团在中国香港与新加坡的业务功能，并争取更多的进出口融资，使之成为印尼商业银行的6个行业的客户在外国的业务桥梁，向他们提供其他银行所无法提供的服务；（16）设定服务口号——"帮助客户就是发展自己"。

经过详细说明后，哈希姆·林先生对以上 16 条业务改革方案非常赞同并表示大力支持，他同意委任李白为印尼商业银行的董事总经理（CEO），全权推行上述发展计划。

## 招兵买马

印尼商业银行制定了 16 条业务发展方案后，接下来的主要任务是改组结构以适应 16 条的发展方案，以及如何寻找相应的专业人才以适应 6 个行业业务发展的需要，这方面我提出几点作为人事配置的原则：

一、我们已经选定六个行业：（1）汽车零件行业；（2）自行车零件行业；（3）摩托车零件行业，这三个行业多数是莆田人经营的行业；（4）杂货行业，多数是客家人经营的行业；（5）布匹行业，多数是福清人与闽南人经营的行业；（6）成衣行业，多数是福清人与客家人经营的行业。

二、本行应该聘请具有上述专业经营经验的人才或与上述行业有人脉关系的专业人士来担任相关的业务经理。

三、银行业务牵涉的事务非常广泛与复杂，需要各种各样的专业人才和互补的团队，才能应付局面。

四、印尼商业银行既然已经委任李白为 CEO，那么这个团队最好是由他主导去组团，搭建他自己的平台，给他一个学习的机会，让他能够根据上面所列的三大原则组成一个有活力、高效的工作团队。

哈希姆·林先生很诚恳，很爱惜和支持李白的工作，因此李白组建团队的工作很顺利，我很欣慰。从一旁观察，这个团队的能力很强，这让我很满意，我相信李白会成功地推行16条业务发展方案，心中默默地为他祷告、为他祝福，愿他第一步走进社会顺利，学习与人相处，学习如何面对方方面面不同利益的相关者，懂得运用平衡的道理去面对人事问题。

## 银行业务的信息化

在16项业务发展的方案中，第9项是关于开设分行与建立网络，这是发展银行的硬件；但网络之间的顺畅沟通与业务的交易非得有工作流程，继而予以营运信息化与会计信息化不可，这是发展银行的软件，是迅速开设分行的先决条件。

关于编制工作流程的方法以及编制营运信息化及会计信息化的工作步骤在本书前面部分已详细写到，这里不再赘述。

20世纪80年代，信息化工程是一项崭新的科技、昂贵的工程，特别在印尼是一件极其新鲜的事情，这方面的人才稀缺且昂贵，是当时即便有钱也不容易办到的事。屡试几次都半途而废后，我请求杰克·史蒂芬先生的帮助。他有一家系统公司软件与信息工程公司，该公司承包系统公司所有子公司的信息化工作，除了支持集团本身的信息化工程外，还同时承办外面企业的信息化业务。这是一个很好的业务理念，我决定仿效，随即收购了多极公司（PT. Multipolar），聘请Stephen公司的子公司系统公司提供技术合作，多

第三个 20 年：在经济全球化大潮流中发展事业

極公司承包中亚银行、印尼商业银行、亚洲公众银行、力宝人寿保险公司等机构的信息化的工程，继后也承包其他外面银行的信息化工程，业务发展得很好，现在已成为印尼三大软件公司之一，并在雅加达证券交易所（Jakarta Bursa）挂牌上市。

# 12 个月内力宝银行开 100 家分行

本书前面讲述了 1988 年 Pacto 88 印尼金融业的大开放政策。当时我决定要在 12 个月内，中亚银行新开 150 家分行，同期力宝银行新开 100 家分行。当我把这个决定通知哈希姆·林先生以及力宝银行经理部的时候，他们都持怀疑态度。我理解他们的顾虑：（1）分行地址难找；（2）工程艰难；（3）资金限制；（4）人才不够；（5）开业初期的亏损负担。

针对同事们的顾虑，我一一解释：（1）印尼银行与财政部的Pacto 88 开放政策并不完全正确，一定会修改，因此我们要抢时间多开分行，这是千载难逢的机会；（2）修建工程予以简单化、现代化、标准化、组装化，分包给几家承包商同时进行；（3）当时的经济尚未振兴，空店尚多，可以租用，亦可买断，闹市中心没有空店可以暂时租用比较次级地段的空店，必须随机应变予以实现；（4）人才可以分成业务人才与行政人员，业务人才可以选聘当地殷实商家的子女和亲戚来担任，只要这班人熟悉当地的商界人士，能够拉拢他们建立良好的业务关系就行。业务人才可以接受 6 个月的银行业务理念培训，不需了解银行的行政技术。对于行政人员，可以把老职员派去新分行逐

*125*

步实习而成熟；另外招聘大学毕业生训练 11 个月后上岗，以弥补老职员的空缺。至于低级的工作人员，可以用工作流程的内容说明各自的工作岗位与作业方式，其实每个员工的学历只要达到高中毕业生的程度，那么在 30 分钟内就可以用工作流程教会他们如何作业，这个效率已经是被证实的，不必忧虑；（5）至于开业初期因为业务不够而导致入不敷出的可能性是有的，但以力宝商誉的声势，先声夺人，并具有诱人的服务优势，绝对可以争取到广大客户的业务，我们必须要有高度的信心及强盛的斗志，克服困难，争取胜利。

经过分析与解释后，大家信心百倍，承诺完成任务，特别是李白，看起来很有把握。这批年轻的银行家冲劲十足，大家夜以继日地苦干，最终完成了任务，在 12 个月内开了 106 家分行，奠定了力宝银行在印尼的地位。

# 力宝银行上市了

本书前面阐述了资本市场的三部曲与经济全球化的三部曲，这也是银行集资的最佳途径，是我梦寐以求的愿望。1988 年印尼政府颁布了金融改革开放的 Pacto 88 条例，让我有机会实现这个美梦。

我向林绍良先生和哈希姆·林先生同时提出把中亚银行和力宝银行予以上市集资的计划。哈希姆·林先生无条件同意我的上市计划，但林先生认为中亚银行的上市时机尚未成熟，要先延后。那时候也有同事提出不一样的观点，认为上市可以集资固然很好，但引出 5 个难题：一是加重今后的税务负担；二是上市后条例多如牛毛，会增加律师费用；三是把自己捆绑在条例框架之中诸多不便，恐会牵制银行今后的发展；四是大股东失去控制银行的权力；五是上市准备工作繁重，耗力耗钱伤元气。这 5 点疑问全是事实，顾虑的是负面的负担，但岂不知这些条例就是要企业更规范、更上轨道，借此可以避开风险，并且可以无限度地向市场集资以壮大银行，因为银行不靠社会资金永远不会壮大。除此以外，借着资本市场可以削减一家独大的股东影响力，让银行更加健康安全地发展；也借此使银行的所有权与经营权分开，让银行走上更规范的康庄大道。

最终大家同意了力宝银行上市的计划，董事会与经理部全体人员经过一年时间的努力，补足所有需要的文件，办好所有法律的文件，披荆斩棘，闯过一个又一个难关，最终力宝银行率先登陆印尼资本市场，是第一家成功上市的银行。当时的情景是全国轰动，排队向股票经纪商购买力宝银行的股票，几乎万人空巷，买到股票一转手就赚很多钱，力宝银行的市值涨了将近一倍。

力宝银行上市太成功了，以致树大招风引起一些人的妒忌和不满；更有一些文人和财经评论人士撰文攻击我通过美化力宝银行骗取大众钱财，也有人批评力宝银行的股价远高于实际资产价值等等。其中有一位评论家，后来借着批评我的文章名声大振，被委任为梅加瓦蒂总统的财经统筹部部长。他上台后变本加厉，派员深入调查力宝银行，大约费时一整年，但最终无法提出对力宝银行不利的证据。

有一次印尼银行的副总裁朱万达先生邀印尼民族银行公会的主席诺曼·莫纳（Njoman Mona）先生与我（时任银行公会副主席）在电视台上接受印尼媒体的访谈，主题是"Pacto 88 印尼金融改革开放的利与弊"，访谈完毕时郭先生守在电视台大厅里非要邀约我在电视台上公开辩论有关力宝银行上市的争议，真让人啼笑皆非。我只好在诺曼·莫纳先生与朱万达先生面前坦诚告诉郭先生：我们是朋友，又是Prastiamulia基金会的同事。郭先生您是能被广大原住民认可钦佩的为数不多的几位华裔之一，我也是以郭先生为荣，您是印尼华裔的骄傲，您的形象应该很荣耀，所以我们不应该上电视公开辩论，一旦辩论难免诋毁中伤，我们应该彼此维护尊严。可是，郭先生坚持要在电视台上与我辩论。实在拗不过，最后我建议邀请朱万达先生和诺曼·莫纳先生作评委，先在台下辩论。如果我败了，我愿意上电视公开辩论；如果郭先生败了，为了维护他的声望，就取消上电视台辩论。

得到大家的同意后，辩论当场开始。我请郭先生先发言。郭先生一开始就以强烈的语气指责我没有商业道德，骗人，把不值钱的银行股票用高价卖给人民大众。等他话讲完气消后，我反问他是否明白企业上市的程序。他回复说明白，我请他解释上市程序。他表示明白上市的企业必须聘请独立的会计公司、独立的律师事务所以及独立的外国投资银行，然后把合格的财务和法务审核结果以及几家有盛誉的国际投资银行所同意的股票发行价格及发行股数的包销合同，编成一本力宝银行股票上市的说明书，如果说明书不符合事实，这将造成骗人的刑事案。

我非常认可郭先生的博学，对资本市场的运作了如指掌，这表示实际上力宝银行的股票是先卖给投资银行，再由投资银行转卖给国内外的公众；而投资银行敢以更高的价格买进（包销），是因为我30年来曾经把宇宙银行、泛印银行、中亚银行和印尼商业银行四家面临困境的小银行都在两三年短时间内发展成为高盈利的大银行，投资银行买的是李文正的商誉和品牌。这就和有钱、有地位的人愿意以高价买劳力士（Rolex）手表，懂得抽烟的人愿意以高价买盐仓香烟是一个道理，这是商场上最基本的道理，可能郭先生事忙，忘了这个基本的道理。再者，所谓骗人，应该是指口袋里的是黑猫而以白猫卖给别人。如果力宝银行的股票上市说明书里所记载的全是实话，而郭先生又无法提出证据，说明这说明书里具体哪一条是不符合事实的，那么可能是郭先生最近饮酒过多有些酒醉吧。

郭先生无法用资本市场的道理来证明他是正确的，就开始对我进行无理的人身攻击，最后经两位评委劝解才取消和他上电视台辩论。到现在我仍想不通为什么郭先生是知书达理的人，但常常要借着攻击我以扬他的名。好在力宝银行股票的优异表现说明了资本市场和大众是认同我的，感谢社会对我的认同。

## 再一次骑马追马

Pacto 88 金融改革开放政策除了让民族银行可以大展宏图外，同时也对外国银行开放了市场，准许外国银行与印尼民族银行成立合资银行。这对印尼本地银行有三条好处：一是与外资银行同行，可提升信誉（国内外）；二是可向外资银行学习银行的营运技术与管理知识；三是借外资银行的力量可以弥补银行的融资能力。

直觉上认为这是个好机会，我认真考虑通过一些关系寻求与日本的东海银行成立 50：50 的合资银行，同时也寻求与法国 National De Paris 合资成立另一家 50：50 的合资银行，经过相当长时间的磋商，最后总算成功成立了两家合资企业银行：Tokai Lippo 银行有限公司和 BNP Lippo 银行有限公司。力宝银行的同事们很了解与外资银行合作，赚钱不是首要目的，最重要的是能够与他们打交道，学本事，争取上述两家银行成为力宝银行在国外的亲密通汇银行，从而支援到我们在商业信用票上的业务，重点是汇兑付款要比别家银行快，让力宝银行能成为印尼银行外汇业务的领头羊。这是真正的目的，力宝银行的同事们做得很成功，值得表扬。

这是再一次骑马追马的成功例子。

## 力宝人寿保险公司的成功秘诀

"力宝人寿"这张人寿保险公司的牌照在 1980 年年初就拿到了，但当时印尼的人均年收入还不足 1 000 美元，在这个水准上大众还没余钱可以买人寿保险作为储蓄，所以尚不宜大力发展业务。当时的策略是保存这张牌照，等候时机再发力运作，初期先培养人才和积累业务经验。

到了 1988 年，印尼的人均年收入已达到 2 000 美元，我估计雅加达、泗水、万隆和棉兰四个大城市可能已经达到 3 000 美元。在这个基数上，有部分民众已经有余钱可以买人寿保险当储蓄养老，是适当的时机研究与准备发动攻势了。

当时最大的人寿保险公司吉瓦司腊亚保险公司（PT.Jiwasraya）是荷兰殖民地政府遗留下来的企业，现在变为国有企业，已经是百年老店，累积了相当多的资产，但是业绩并不理想。第二大的是一家历史悠久的原住民人寿保险公司，名为 Bumi Putera 人寿保险公司，也累积了大量的资产，同样业绩平平。除此以外，几乎每家银行都有附属的人寿保险公司，但没有一家做得像样的。林绍良先生也有自己的中亚人寿保险公司，有30多年的历史，背后有中亚银行和 Windu Kencana 银行等几家银行在支援。虽然林先生三番五次召开联合会议要求各银行支援人寿保险业务，开会时银行的分行经理也都一致表示支援，但是介绍客户投保却始终不见成效。我一直在思考个中的原因，可能是因为人均年收入太低导致没有人寿保险业务的市场，但更大的可能是业务计划不够明晰（特别是银行如何支援人寿保险的作业方法不够清楚）和对业务推销的方法与佣金的分配不清楚，总之，我百思不得其解。

我只好从根本开始研究。比如：我们人寿保险的产品（商品）是什么？提供什么产品才是保户最需要的？产品的名称也非常重要，应让保户一听就明白并感到舒服，不要提及与死相关的名称；多大的保费是保户承担得起的？销售渠道以及代理人的佣金和奖励办法；广告与宣传的计划等等。整个业务发展计划做好后，再改成预算案，才知道未来几年的盈亏如何，要有心理准备。当然缺不了选聘对的经理部团队，这个团队仍旧还是分成两个方面，一个是商业推销方面，另一个是保险专业技术方面。

我想，如果能够把握以上这些因素，应该是有发展的可能。这些因素据我推测比较重要的是设计产品的名称，我将其命名为WARISAN，实际上就是遗产，只是换了一个比较好听的名称，事实证明这个产品很受社会欢迎。其他都是一般的工作不再赘述，但其中关键的策略是如何动员力宝银行的所有职工劝说银行客户愿意买我们的 WARISAN 人寿保险。如果力宝银行的全体职工能尽力而为，我们就可轻而易举获得 100 万名保户而奠定力宝人寿保险公司的坚固客户基础，进而超越上面所提的两家历史悠久的人寿保险公司。

我试探着问几位保险公司的高级经理：为什么银行职工不积极参与推销人寿保险产品？答案是人寿保险公司与银行是两个不同的法人，谁都管不了谁，为什么银行职工要替人寿保险做义工呢？所以大多数的情形是，当着老板的面大家高喊"愿意效力"，出了会议室就忘了承诺，各自为政。少了法规的约束，谁都没有尽义务的责任，所以无法促成实质上的合作。

经过深入的思考后，有一天我召集力宝银行全体分行经理部的高级干部与力宝人寿保险公司的经理部人员举行联席会议。第一，我当场宣布委任力宝银行总管分行的董事经理 Billy Sindoro 先生成为力宝人寿保险公司的董事总经理，任期一年，兼任力宝银行分行管理处的顾问；一年后将回原先职位继续总管力宝银行各分行事务。第二，我也提出针对银行职工向客户推销人寿保险产品的奖励办法。第三，我安排力宝人寿保险公司在每个力宝银行设立代理处，负责保险的营运工作，初期聘请力宝银行的人事部主任暂时主持该代理处的工作。

如此这般，形成了力宝银行与力宝人寿保险公司你中有我、我中有你的局面，至关紧要的是，Billy Sindoro 先生仍然拥有管理力宝银行所有分行的威望，能够动员力宝银行的分行经理尽心尽力去推动人寿的业务。同时，大家也明白，如果力宝人寿保险公司的业务发达了，相应也是增加力宝银行的客户存款，实际上是协助力宝银行增加一种服务产品。经过详细与认真的安排以及严谨的追踪工作，人寿保险的产品深受欢迎，业务蒸蒸日上。

这里顺便提起，大多数保险公司的推销工作是靠许多职业保险推销员推广业务，推销员要求的条件是每一笔保单其头一年的保费归推销员所得，以后的保费才归保险公司。这表示如果有赔偿发生，那么人寿保险公司可能在尚未有收费情况下就要支出，要赔钱。这种情形下，新进入市场的保险公司最吃亏，这也是最无法承担的负荷。我深入研究后，拨出准备金 4 000 万美元作为亏损的准备，大力招聘业绩不错的职业推销员推广保险业务，再加上"业绩加分法"每个月给予的抽奖彩金，并大做广告，我们以压倒性的声势一举成名。经过三年的努力，力宝人寿保险公司的业务已经超越了印尼另两家历史最悠久的人寿保险公司，成为印尼人寿保险公司的领头羊，成为印尼人寿保险业的巨子，也成为印尼人寿保险业的模范。印尼其他的人寿保险公司都奋起效仿我们的发展模式，力宝人寿保险公司无形中也促进了印尼人寿保险整个行业的业务改革与提升。

保险的人数越来越多，表示风险分担就越小，总的赔偿数字占整个保费总数的比例就越小，先前准备的 4 000 万美元准备金最终并没有运用，我的决策成功了，感谢 Billy Sindoro 先生的努力，感谢全体力宝银行与力宝人寿保险公司的全体职工的努力。

## 利用境外资金支援银行的策略

20 世纪 70 年代到 90 年代，印尼经济尚处于发展初期，整体经济总量相对还小，社会财富薄弱，所以银行的社会存款也同样处于萌芽期。当时私企银行尚不是外汇银行，无法替客户开具商业信用证。

另外自有资本金尚小，受到自有资金充足率（CAR）的限制也无法向客户提供大额融资，所以很多印尼的进口商都从新加坡的代理商代开信用证到日本、中国台湾、韩国和中国香港采购商品，当时在新加坡据说有上百家公司经营印尼转口的业务，生意相当兴隆。

从我开始经营银行业时，就面对着上述情况，因此我也在1971年前后在新加坡珊敦街开办了力宝公司，专做上述业务，主要客户是莆田同乡的汽车零件商、自行车零件商、缝衣车商以及杂货商。起初力宝注册资本只有十万元新币，但是经过几年的信用证业务来往一切顺利的记录，银行给力宝的信用证额度已达几千万新币，业务很好。当时我聘请教会的一位长老陈青海担任总经理，力宝帮助宇宙银行、泛印银行、印尼商业银行解决了外汇业务的瓶颈，也促成了上述银行成为外币买卖最活跃的银行。这是我利用境外（新加坡）资金弥补我的印尼银行资金弱势的成功实践。

新加坡力宝公司的例子我后来引用到中国香港，在香港成立了力宝公司。这是我在香港发展史蒂芬基金公司的前身，也是后来在中国澳门收购诚兴银行与华人银行的前身，是我当时利用境外资金解决我在印尼的银行的资金瓶颈问题的策略。

## 信息科技与多极公司

观察人类的经济发展过程，我们发现，每一次经济大发展都与动力和速率有密切关系。最初人类开始懂得利用人力以发展经济，继而利用牛力、马力、风力、火力、水力，到了18世纪英国人改良了蒸汽机，19 世纪美国人发明了电力，20 世纪美国人又发明了微电子技术，进而衍生出数码科技（Digital Technology）。

数码科技又诞生出计算机，其基础就是二进制。计算机可以解读电荷，电荷不是正极就是负极，计算机用 0 和 1 来处理一连串的二进位的数字来代表我们觉得简单的事物，例如大写的 A 是用 01000001 代表，小写的 a 是用 01100001 代表。这一连串的数字成为机械语言，而机械语言又是由好几种不同的语言写成的计算机代码管理，从 Basic，C++ 到 Java 等，换句话说，计算机把所有的事物都简化成为数字，比如屏幕上的字母或一段音乐都是 0 和 1 的不同组合。为了要管理计算机，就发明出完全人工的数字语言，其目的在于让计算机能够处理所收到的资料，那么计算机的功能就是能够操控与量化所有的资料，能把音乐、电影、书写的文字等都简化为数字，所以计算机也同时提供了一个独特的方式让我们可以检视理性。

不过计算机只能处理利用二进位代码表现的东西，它可以播放音乐但不会作曲，也不能说明音乐的美在哪里。它可以储存诗词但不能解释意义与感受，计算机无法做人类所能做的所有事情，毕竟计算机只是人类的工具。这个工具用于数字的处理、储存和检验，无比诱人，无比强大。1990 年美国总统比尔·克林顿正式启动"人类基因组计划"（Human Genome Project），集全世界科学家的力量花费了 15 年的功夫才完成的工作，今天的计算机在一天内就能够完成。现在几乎所有的工作都能靠计算机来处理，不论是登月球、潜海底、探地质、知人体，还是管行政、操军事、播电视、传数据，计算机已经无所不及和无所不能，成为人类生活离不开的工具。计算机与智能手机已经是一体化了，数目普及得惊人，速度与容量日新月异，使得人们更加离不开计算机。

早在 20 世纪 80 年代我已经有这样的预见，因此当时为了印尼商业银行、亚洲公众银行、中亚银行、Bumi Bahari 银行、力宝人寿以及许多附属公司的信息化，我研究过设立一家独立的信息公司去承包上述机构的自动化与信息化工作，远比各自独立设立信息部门要更经济，并且可以承包其他外面银行与商业机构的信息化工作，我决定收购多极公司（PT.MULTIPOLAR）作为达成上述目标的载体。

信息科技衍生出来的产业可以分成四大领域：一是软件产业，二是硬件产业，三是信息网络／通道产业，四是信息内涵产业。软件与硬件的产业其变化迅速，生命周期愈来愈短，这两个行业并不好做。而信息网络／通道的性质比较稳定，比如高速公路是人人每天都要借道奔驰的，手机愈普及，网络就愈重要，所以是最有前途的产业，是值得全力以赴去发展的产业。其次是信息的内涵产业，这包括三个层面：一是信息流，二是资金流，三是商品流。信息流包含媒体、电视、信息传递以及云计算（储库）；资金流是银行的资金输送、网上支付、网上银行；商品流则包括网上购物、网上商场（将部分取代实体商业广场的功能）。我认为最具活力的产业就是信息网络／通道产业和综合了信息流、资金流与商品流的网上商场，这些产业应该成为多极公司的业务方向与努力目标，应该成为力宝集团的核心产业。要特别指出的是信息网络实际上是一个采不完的金矿，是天然资源之一。

经过几十年的努力与耕耘，今天的力宝集团已经拥有了有线电网、4G 的无线电网和通讯卫星，以及其衍生出来的有线电视、无线电视和卫星电视等业务，并且还拥有相关的平面媒体（如日报和月刊），电影院线和网上银行，以及网上商场业务。我深信，这将是百亿美元的生意，是我们的核心业务之一。

前面说过，人类的经济发展都与动力和速率有密切关系，同时也促成社会结构的改变和人类生活方式的变迁。自从人类开始懂得利用人力以发展经济开始就引起了战争，夺取俘虏，占有人力，形成了历史上的奴隶社会；继后人类发明了蒸汽机械，产生了工业革命，引申出殖民主义社会；再下去，美国人发明了电力，使人类进入资本主义社会。今天人类发明了数码科技，把人类带进了信息社会。

信息科技这场革命是人类五千年来最大的一次经济生产力的革命，引起最重大的经济力的提升，是影响人类生活方式最重要的一次改变。我们应该尽全力参与这个大改变的行动，全力推动印尼民族的进步，振兴印尼民族的经济。这应该是我们的任务与责任。

## 澳门诚兴银行的故事

澳门有一家诚兴银行，股东是香港名商郑裕彤先生、澳门著名银行家何贤先生和郑裕彤先生的襟弟卢道和先生，总经理由卢道和先生担任。1983 年澳门经济不景气，所以股东们想要脱手，经过朋友介绍，我与卢道和先生见了许多次面，最后以澳币 5 000 万元买下全部股份。我聘请了香港的律师楼与会计楼，对诚兴银行进行尽职调查，花了好几个月的时间最后才正式成交。我邀请美国的挚友杰克·史蒂芬先生参股，双方各占一半，董事由我与杰克·史蒂芬担任，各派一名经理共同经营。当时能在港澳有间银行是一件大事，我很兴奋。

可是，当我深入银行作详细调查时，才发现里面 80% 都是与股东卢道和先生有关系的贷款,很多没有完整的抵押法律文件,也有很多是没有抵押品的信用贷款,总数大约有澳币3亿元左右。这让我大吃一惊,简直是闯下了大祸,当时我不了解为什么会计楼没有发现这个漏洞,是失误还是串通呢?杰克·史蒂芬先生的代表大发脾气,建议马上控诉这些股东以及香港的会计楼。我劝他冷静,因为澳门的法律与衙门不像香港那么公正,澳门是一个靠赌场而生存的政府,这个官司不好打。

最后我看到澳门何家是倾向大陆的商家,与中国政府的关系很好。这一点是一线光明,我有了信心,与其打官司要花钱花心思,不如通过中国银行驻港澳管理处去解决这个难题。想通后,我马上找当时管理处的一把手黄涤岩先生。我向黄先生解释买澳门诚兴银行遇到的难题,恳请他出面请求郑裕彤先生与何贤先生妥善解决难题。经过黄涤岩先生出面调解,卖方愿意配合做三件事情:一是完善抵押品的合法文件;二是没有抵押品的贷款补足抵押品;三是何贤先生派他的公子何厚铧负责处理这些抵押品。

经过大约5个月时间的商洽,我同意接受将近澳币3亿元的地产(其中包括在美国洛杉矶唐人街一块两公顷的空地)作为清理呆账。这么一来,我等于买了澳门银行,也买了将近3亿澳币的地产。但这些地产在当时实际上就是死货,因为经济不景气,地产大跌,无人问津。但是比起打官司,这是上策。我有信心可以振兴这家银行,为了银行做些让步还是值得的。对我来说,银行就是光,就是生命。我觉得何厚铧先生这位年轻人做事讲理且爽快,为人也厚道,所以问题很快地解决了。这点我永远感谢中国银行的黄涤岩先生与林广兆先生两位的大力相助。

过了一年，港澳的经济开始复苏，房地产行业开始回暖，买卖又活跃起来了。澳门这些地产意料不到地涨了将近一半，我乘机出售，原本以为要亏本，反而赚了一些钱。最后，诚兴银行几乎是白送给我的，皆大欢喜。我暗自高兴又做了一次对的事，用和平友好的方式解决了难题。

我选了一个很好的肯做事的团队，用了不到两年的时间，就把这家濒临倒闭的银行经营成为一家赚钱的银行。

## 香港华人银行的故事

1984 年中国和英国开始谈判香港回归的议题，时任英国首相撒切尔夫人亲赴北京与邓小平先生面谈。消息一出，全港震动。多数香港人惊恐自危，纷纷抛售产业，只要能卖的都不惜成本卖掉，争先恐后地移民美国或加拿大，那是一次惊天动地的移民浪潮。当时几乎全香港的人都在喊卖，都在喊走。刚刚回春的地产又坠入谷底。

第六感告诉我，机会来了。我立即动身到香港拜访了所有的朋友，请他们介绍好东西，特别是银行。我要在香港发展金融业，这是千载难逢的好机会。

机会真的来了，有一位朋友通知我，香港华人银行正在找买家。香港华人银行的业主是马来西亚的华商张明添先生，他刚刚过世，生前我们是挚友。现在银行业务由他的公子 Patric 张接管，我立即找他询问有关华人银行的事，他承认正在找买家，我们就开始认真谈判买卖条件。大约花了 7 天的时间，双方达成买卖条件：售价是港币 3 亿元，当时的总资产是 6 亿港币左右，如发现有呆账归由卖方负责承担，银行有自己的一栋办公大楼和一间分行。我立即聘请了一家有名的律师楼与会计楼做尽职调查，要求他们避免再犯诚兴银行的错误。

一切进展都很顺利，只剩几笔总值约港币 8000 万元的可疑呆账。不久，香港华人银行的母公司香港海外信托银行（张明添的银行）因局势混乱发生财务危机被政府接管过去，因此上述 8000 万元港币的呆账变为与政府的纠纷。我们的经理部用了几个月与政府交涉都没有结果，反而被误认为华人银行拖欠海外信托银行的钱，最后我只好亲自去交涉。我告诉海外信托银行的总经理（英国人），当初我向香港海外信托银行购买香港华人银行时，讲明其中如有呆账是由海外信托银行负责偿还给华人银行。如果海外信托银行不付这笔账，华人银行就会发生关门危机，最终政府还是要负责偿还。这位英国人听明白了利害关系，马上安排双方签署会议纪要，随后立即拨款 8000 万元港币给华人银行。至此，这笔银行买卖总算正式完成。

我用发展中亚银行的模式与管理方法来推动香港华人银行的业务，在新团队的经营下，大家努力攻关，两年后这家银行的总资产已由 6 亿增加到 40 亿港币，扭亏为盈，分行由两年前的 1 家扩展到 7 家。

未雨绸缪，我由海外信托银行的事件联想到如果有一天香港的政治或经济发生动荡引起倒闭挤兑的话，我要如何应对局势。思虑再三，最后我去拜访中国银行驻港澳管理处的黄涤岩先生，请求中国银行参股华人银行。黄先生很诚恳地向我说明中国银行目前无法参股任何银行的原因，并且建议我邀请香港华润集团参股。接下来，黄先生设午宴安排华润集团的董事主席兼总经理朱友兰女士与我共商参股香港华人银行的事，经过详细解释后朱友兰女士同意参股华人银行50%，这样华人银行成为"粉红色"的中国企业，增加了华人银行在香港的信誉与地位，业务蒸蒸日上。

这又是一个骑马追马的成功实例。

## "人退我进"的理念

在"人退我进"的理念下，我进军香港，这引起几位美国银行界朋友的兴趣，他们询问我进军香港的理由，我告诉他们：

1. 我深信邓小平在中国的地位是稳固的；

2. 据我观察，邓小平推动改革开放的态度是坚决和认真的；

3. 据我观察，经济改革开放在深圳市的试点已经成功；

4. 我看到深圳的模式已在其他几个城市（珠海、汕头和厦门）推动；

5. 上述几个城市的开放是按照香港的经济模式进行的；

6. 既然在中国内地要学习香港，就没有道理会把回归后香港的经济与生活方式改变为内地的经济与生活方式；

7. 我投资收购华人银行总额是3亿港元，等上两三年局势恢复后，我会卖掉华人银行的一幢大楼收回2亿多港币的资金，所以实际投资只有不到1亿港元；

8. 从1984年到香港回归中国还有16年的漫长时间，可以赚钱。如果我无法在其间赚回1亿港币，那么我也不配成为企业家；

9. 就算未来16年赚不回1亿元港币，将来香港回归后当作送给中华人民共和国的礼物也还值得。

上面就是我进军香港的理由与信心。总之,我相信中国的政策方向是下定决心进行经济改革开放,我更相信中国人的智慧能够做好经济改革。中国的明天一定会比今天更美好,我有充分的信心在中国的土地上取得好成绩。

## 香港力宝广场的故事

自年轻时代我就有个梦想,要在太平洋两岸的五大城市——雅加达、新加坡、香港、上海和洛杉矶各有一幢标志性的力宝大厦。

1984年中英开始有关香港回归的谈判,由于不了解内地,所以不少香港人听到回归中国就人心惶惶,都想移民,大家在同一时间内喊卖产业,都愿贱卖。我倾向于"人进我退,人退我进",乘低潮买好东西。有人通报我,香港市中心有一幢非常别致的邦德(Bond)大厦要脱手,是香港的标志性建筑,造型奇特,大方宏伟。业主是日本人,抵押给日本长期信贷银行,我刚好是这家银行的顾问,所以我可以直接查询,但可惜这幢大厦在我查询的前一天刚卖给李嘉诚先生,买卖手续尚未履行。

经过深思后,我鼓起勇气与李嘉诚先生通电话,恳求他把邦德大厦割爱卖给我,因为我想在香港落地生根,需要大厦。他很爽快地一口答应下来,只是要求这个大厦的B座留三层给他的一间财务子公司,并且B座以该公司冠名。我没有想到嘉诚兄会这么爽快,就这样我实现了在香港拥有一座标志性大厦的梦想,大厦取名香港力宝广场(Lippo Center)。嘉诚兄的真情我铭记在心。

# 第四部分

## 第四个 20 年（1991—2010 年）：
# 从大西洋转到太平洋的时代

# 中国因素的世纪

世界的东方有两个古老的文明大国，一个是印度，一个是中国。

今天，在美国许多著名大学有众多的高材生，在美国信息科技开发领域有很多的专家，在美国银行界有很多高级管理人员，他们都是印度人。在新加坡与中国香港的法学界，很多的大律师也是印度人，在新加坡，很多的著名医生也都是印度人。当然，在印度本土有更多的各行各业的专家。

一方面是印度拥有这么多的专业人才，另一方面印度的基础设施却是出奇地落后。在印度首都新德里，很难找到一条比较像样的街道。众多的贫民都是全家人在市中心的大街走道上搭棚安家，全市尘土飞扬，所有的花草树木都盖了一层灰土。据说，市中心还有个居住300万人的拥挤贫民窟，只配有极少数的公共厕所，生活极其贫困，居住条件极其恶劣。

问题是，为什么这么多海内外的印度精英却无动于衷，不为祖国的建设尽一份力？

答案是：印度古老的种姓制度束缚了广大民众的生产力，加之富豪政客占据了广大土地资源，从而阻碍了印度的基础设施建设。

反观中国，旧中国国民党的政策导致了地方军阀割据的局面，造就了地主恶霸、土豪政棍分割中国的时代。这也就像印度的种姓制度与思想束缚了印度的生产力一样，压制了中国4亿5000万人民的活力，中国贫穷了一个世纪，进而国力衰退沦为半殖民地。

1949年中国共产党革命胜利后成立了中华人民共和国，毛泽东发动了"三反""五反"和"文化大革命"，实行人民公社，这些政策虽然有过严重失误，甚至带来严重灾难，但却彻底扫除了中国社会的顽疾。说句良心话，中国的封建思想与恶势力如果没有毛泽东先生大刀阔斧的清除手段，中国就会像印度一样仍旧是一个活地狱，永远是基础设施建设和经济发展的阻力。

1980年前后，中国数亿人口的财富处在同一个低水平上，中国的邓小平先生有远见卓识，抓住了千载难逢的发展经济的好时机。因为国家有掌控全国资源的权力，所以政府在绝对集权的情况下开始进行经济领域的改革开放，并且集全国的人力与财力启动基础设施建设。邓小平先生有句名言："要致富，先修路。"修路就是指基础设施建设，政府利用众多廉价劳工来建设国家经济，这是全世界都没有先例的发展机会，中国的官员不分昼夜、全力以赴地为国家的经济建设做出贡献。

我也相信邓小平先生有足够的智慧谋略，他的政治地位是稳固的，中国经济改革开放的政策受到全国人民的认可和支持，并且深圳的经济改革开放模式已初见成效，成为其他几个城市经济改革开放的效仿对象。

中国经济改革开放是在20世纪70年代末开始的。这个时期正是韩国、中国台湾、中国香港和新加坡进入信息社会的时期，它们正在把劳力密集工业迁移到其他劳力资源充足的发展中国家，中国正具备这个条件，中国经济的改革开放正好逢迎全球经济更替以及"亚洲四小龙"经济结构改革的需要。因此，我深信四小龙的今天就是中国的明天，这个明天并不遥远。

13亿中国人口加上中国人渴望改革的心志，以及中国人的苦干精神，我预判再过10年中国将会崛起，并产生积极的影响力，中国将成长为太平洋地区的主导力量。2000年后的新世纪将是中国因素的世纪。

中国的崛起，连同东亚与东南亚的经济复兴，加上太平洋东岸美国的经济，太平洋盆地的经济将取代大西洋盆地的经济成为世界的经济中心。

如何分享这一盛世的机遇，应成为大家研究的重点课题。

## 中国经济有五个扭曲

1965年印尼和中国的邦交因"九三〇事件"而中断，两国从那时起只能通过新加坡或中国香港做转口贸易。1986年在时任印尼总统苏哈托的授意下，由印尼工商总会（KADIN）主席苏坎达尼（Sukamdani）先生主导，开始与中国国际贸易促进会接触商谈中印两国恢复直接通商的议题，其中关键的课题是两国之间的银行通汇协议，最后双方同意认定印尼的中亚银行与中国的中国银行成为两国通汇的银行。

1986年我以中亚银行董事总经理的身份到北京与中国银行行长

签署《通汇协议》。这是我阔别中国 36 年后，又一次踏上祖籍国的土地，心情异常激动。

当时的北京只有一家五星级酒店。住客必须在规定的时间回酒店用餐，过时就没有吃的，这是因为吃饭都得靠饭票，有钱也买不到食品。北京街头能看到成千上万的自行车，还有破旧的公共汽车，街上没有的士，外国客人出行得预订出租车。一到晚上，街灯暗淡，没有人流，一派萧条的景象。

抵京第二天，出乎意料地接到全国人民代表大会常务委员会副委员长叶飞将军的请帖。叶将军是菲律宾的闽南归侨，他以同乡的名义在人民大会堂设晚宴招待我。叶将军态度谦和而亲切，晚餐在愉快的气氛中进行，席间他问我对中国经济改革开放的看法。也许是因为主人的亲和态度，我直率地讲了以下几点：一是物资价值与物资价格的扭曲；二是物资价格与人力劳动价值的扭曲；三是脑力劳动价值与体力劳动价值的扭曲；四是人民币价值与人民币价格的扭曲；五是法律与人性的背离。

我向叶将军坦言道：这些扭曲将是中国经济发展的绊脚石，法律背离人性会成为经济开放的束缚。中国经济的改革开放应该要注意这些不合理的地方。叶飞将军听完我的话语，神情突然变得很严肃。晚餐后我有些后悔，担心当时的中国尚不太能接受自由市场经济的理念，后悔说话太直没有保留，夜里都没有休息好。

次日大清早电话铃声响起，是叶将军让他的助理请我去见面，车在酒店门口已经备好。我无法推辞只好出发，也不知将去向何处，一路上我担忧会不会将我载到公安局。过了很长的时间到了目的地，不是公安局，而是北京大学。叶飞将军和时任北京大学副校长罗豪才先生亲自迎接，带我进入了一个坐满 20 多位客人的会议厅，看到与会的人都像是学者模样，我才心安了些。

首先叶飞将军发言，介绍我并欢迎致意，然后把会议交给罗校长主持。叶将军请我重复讲述昨晚我提出的 5 个观点。

考虑到现场的情况我调整了昨天向叶将军所述 5 个观点的顺序。我先从脑力劳动价值和体力劳动价值的背离讲起，因为这是马克思所写《资本论》里的观点，我想中国是信仰马列主义的国度，以这一观点开头讲起较为稳妥。

我引用恩格斯为了说明这一点所举的例子。恩格斯描述，伦敦有一家纺织厂机械坏了，厂里的工人修了 5 天没有修好，最后只得聘请外面的技工来修理。一个钟头后机器修好，工厂开工，皆大欢喜。可是问题来了，技工索求 5 英镑的酬劳，厂方不给，理由是纺织工人一个月的工资才 5 个英镑，你只工作了一个小时却要求 5 个英镑，太不合理。那位技术工人告诉厂主，如果你用月薪 5 英镑的工人能修好机械，工厂就不必停产 5 天。停产 5 天的损失是多少？我用一小时的工夫让你复产，这其中的收益比起 5 个英镑是否合理？最后厂方同意支付这 5 个英镑。这段故事充分说明脑力劳动价值应该比体力劳动价值高，只有如此，才会解放生产力。如果把这两种劳动力平等看待，这就是扭曲。

关于"物资价格与人力劳动价值的扭曲"，我举了深圳和香港工人的实例。一个深圳的工人要工作 39 个月才能买到一台 12 英寸的黑白电视机，但同样这一个工人如果到香港去工作，一个月的薪金就可以买一台 12 英寸的彩色电视机，所以中国工人的工资太低，需要调整。

说到"物资价值与物资价格的扭曲"，如果面包比面粉更便宜，这就是计划经济不计成本的产物，违反市场规律。

我说到"人民币价值与价格的扭曲"，简单的例子是外国人手上拿的是外汇证，只能用外汇证在中国买东西，这说明人民币的价格定得太高，不利于国内外物资的交流，也不利于中国的出口，这一现象也是违背市场经济规律的。

最后一点我说到了"法律与人性的背离"，我这里指的法律是各种各样的条例。比如说要所有的中国人穿一样的衣服，吃一样的食物，这就与人性是背离的，最终是违背市场经济规律的。

我简单总结以上 5 点的背离或扭曲都是会阻碍中国经济改革开放的因素，他们不断点头，看来有同感。经过几次的问答后，这个会谈才结束。经过彼此介绍后，我才知道这些人是当时赵紫阳总理的经济改革智囊团，次年他们再次请我到北京交换意见。能够为中国的进步贡献一些建议，这让我感到十分欣慰。沟通交流的过程也更让我认识到：中华民族奋发图强，中国人民在很认真地推进改革。我坚信 21 世纪将是中国因素的世纪，中国的明天一定会更加美好。

## 从投资湄洲湾发电厂看中国的改革

北京公事完毕后，我应邀去拜访福建省陈光毅书记与贾庆林省长，受到最高礼遇。次日，陈光毅书记亲自陪我去莆田祭扫我祖父母的坟墓，之后由莆田市委书记许开瑞设午宴招待，并介绍莆田市的经济发展计划，重点是邀请我回乡投资。因为闽北福清已有林绍良先生投资开发融侨工业区，闽南已有菲律宾侨领陈永栽先生带领投资工业区，所以政府希望我能在闽中的莆田投资开发工业区。

经过两天的考察与商讨，结论是：一、闽南与闽北的发展空间还很大，地理条件与经济基础比莆田好，暂时还轮不到莆田；二、从厦门与福州两地到莆田的公路年久失修，交通困难，又无电无水无港口，各类开发的条件都不具备；三、但莆田市的湄洲湾是天然良港，应该优先发展港湾经济，把湄洲湾发展成为中国南方的石化基地、钢铁基地、造船基地和 LNG 储存与供应中心。所以首先应该在湄洲湾建发电厂和自来水厂。

陈光毅书记十分同意我的建议，回到福州就请贾庆林省长主持会议，与我深入探讨湄洲湾港湾经济的构思，会议结束时我同意承担投资 3 000 万千瓦的发电厂，总投资约 25 亿美元。这个数目在当时是天文数字，因为中国国家外汇储备也只有几亿美元而已。贾庆林省长问我是不是认真的。我告诉他，我是没有那么大的实力，但身为银行家，我有组合的能力，只要政府有方案，可行性高，我就能组织并联合多方的投资者和金融机构来共同发起投资。贾省长听了大表认同和赞赏。

我与福建省政府签署了建设湄洲湾发电厂的意向协议书后，随即就安排去见在菲律宾的亚洲开发银行总裁。我先与他交换关于中国经济改革开放的看法，这位日本籍的总裁莫利先生（Mr.Mori）持非常积极的态度。我问他如果我有机会参加推动中国的基础建设，亚洲开发银行是否有意支持，所谓的支持是指亚开行愿意参股并介绍国际投资家参股，并由亚洲开发银行领头组织银团联合贷款。这位行长一口答应，我满怀信心，立即组织团队开始筹建电厂。

经过商讨，电厂筹建委员会由蒋行先生担任主任并定下工作大

纲 : (1) 推进与亚洲开发银行签订合作协议 ; (2) 由亚洲开发银行邀请投资者 ; (3) 聘请香港律师楼与中国政府商讨建厂合约 ; (4) 聘请资深电厂技术工程公司规划建厂蓝图与编写可行性研究报告 ; (5) 编制电厂筹建委员会的预算案 ; (6) 选择电厂筹建委员会的工作地点 ; (7) 选择电厂地址。筹建委员会工作大纲与人事安排完毕后,我即率领他们飞往马尼拉拜会亚洲开发银行总裁,正式展开讨论建设福建省莆田市湄洲湾电厂的融资计划与组建公司的事项,我们与亚开行的谈判很融洽。

亚洲开发银行初期建议邀请美国的国际电力(Intergen)公司、柏克德(Bechtel)公司,新加坡的淡马锡,国际货币基金组织(IMF)的附属公司国际金融公司(IFC),亚洲开发银行和力宝集团共同参股,其中以力宝集团为骨干。亚洲开发银行的反馈很积极,这给我很大的鼓励。

为了增强各方面的信心,我承担参股 51%,美国的国际电力公司有意认股 30%,其余股份由其他 4 家认购。亚洲开发银行已初步与全球 39 家银行接洽,成立银团给发电厂提供投资总额 70% 的长期融资,整个业务大体上已有清晰的轮廓。

在筹备过程中股东发生两次变化,到融资完成时美国的国际电力公司向力宝收购 30% 股权变为 75%,力宝占 25%。等到建厂完成时,国际电力转卖 24.8% 股份给 El Paso 公司。最终股份结构是 : 力宝 25%,国际电力 45%,El Paso 公司 24.8%,亚洲开发银行(ADB)5.2%。首期发电能力是 70 万千瓦,总投资 USD7.56 亿,亚洲开发银行牵头融资 USD5.67 亿,股东资金 USD1.89 亿。

在这样的情况下,筹建委员会的工作人员中增加了亚洲开发银行派来的干部，大家的工作都认真而积极。因为湄州湾发电厂是中国经济改革开放后第一家外商投资的电厂，所以中外双方都没有前例可鉴，完全是摸着石头过河。为了这个项目，中国必须特地立法以对，所以耗时很长，工作繁重，花了将近两年才完成项目立案，筹备费花了将近1 000万美元，谈判文件要几大箱子才能装毕，但总算实现了我的夙愿，替家乡办了一件大事。

福建省人民政府很积极地配合建厂工作，但当时福建省的经济还很薄弱，很多重型机械还需由外省运来支援。省政府电力部门的官员建议采用日本的发电设备，希望湄洲湾电厂能成为中国一流的电厂，成为中国发电厂的楷模。虽然初期我希望用国产设备，但最终我同意了官方的建议。

我的目标是把湄洲湾建设成为中国南方的石化工业基地、钢铁工业基地、造船工业基地，几大工业共同支撑构建湄州湾港湾经济，所以当时的莆田市许开瑞书记答应把整个忠门半岛大约60平方公里地方划拨出来作为港湾经济区。家乡人把忠门半岛称为"界外"，意即荒地，贫困的地区是界外。旧时候莆田人常常对调皮的女孩子讲的一句玩笑话就是：你如果脾气坏，就要把你嫁到界外去受苦。这是一个地贫、缺水，连种地瓜都长不大的荒岛，但我很有信心可以把这个地方发展成为工业重镇。

我的次子李白，当初看到这情形，他提出质疑：为什么不选深圳、厦门和上海等地却选这么落后的地方来投资？我告诉他，因为我小时候曾经喝过家乡的水，吃过故乡的饭，饮水思源，须得回报这片土地。我永远记住祖母的叮嘱，"出去是为了回来"。

四年后发电厂开始建设了，发电厂地址选在当初我买下的在深水港旁边的那块土地，大家商谈的结果是以厦门的港口地价打 8 折转让给公司。电厂建设临近落成时，美国的公司找我商量，要再买 30% 的股份，我同意最终成为发电厂 25% 的小股东。为家乡的建设做了贡献，这让我十分欣慰。

我特意写出这个发电厂的投资历程，是想要说明中国进行经济改革开放的决心和政府认真的态度。福建省的陈光毅书记为了要招商，情愿不计路途颠簸陪我到莆田参观，又陪我祭扫祖先的坟墓；贾庆林省长也为了湄洲湾港湾经济的开发到印尼三次，三顾茅庐来看我，福建省的干部上下一致为了国家的经济建设都忘我地工作。中国人每天工作超过 10 个小时，他们做起事情来没有假日也没有周末，不分白昼与黑夜，所以中国搞经济建设 25 年等于西方国家做了 75 年的工作。

我看到了中国要崛起，我切实地感受到中国因素的存在。

## 与习近平主席的忘年之交

从 1986 年到 1993 年，我遍访了中国的北京、天津、上海、南京、广东、福建、浙江、四川、重庆、云南、广西、东北三省、山东、甘肃、新疆等地，以了解中国经济改革开放的情况，所到之处，吊车林立，中国的每一寸土地都在动，都在如火如荼地进行建设，全国几乎都是工地，宏伟壮观。

我拜访了各省市的领导人，个个都干劲冲天，工作加班加点；人人都是专家，能滔滔不绝地用很生动的词句介绍当地的经济数据、优势和招商项目，可以说他们都是一流的。他们身上的热情和才华预示着中国的崛起，我感受到中华民族的复兴，无限感动。

有一次我到福州拜访时任省委书记的陈光毅先生和省长贾庆林先生，经朋友介绍认识了当时的福州市委书记习近平先生。这位年轻的书记文质彬彬、谈吐低调、平易近人、朴素诚恳，起初我料想他也会像各地的政府领导一样，见面必是招商，但意料之外的是，在两个小时的会面中，关于招商引资他只字未提，提及的话题都是中国的宏观大事。他不耻下问，我们一起讨论有关中国经济改革的问题，有关地方基础建设如何运用资本市场的问题。

当时我把曾经给人大常委副委员长叶飞先生讲的中国经济五大扭曲讲给习近平书记听；同时我也表达资本市场对经济建设的功能，以及如何利用香港的资本市场作为福州市基建资金的来源，换句话说，就是把公共设施予以商品化的理念。

习近平先生曾经随同福建省委书记与省长两次到印尼参观力宝集团开发的住宅城镇和工业园区，后来他又亲自率团访问印尼。第三次时，我恭请他在我家里共进早餐，是地道的莆田家乡风味，大家感到十分亲切。他非常认真地了解私人企业开发住宅城镇和工业园区的理念，开发资金的来源、建设规划和园区管理等；同样的，他也只字不提招商引资的事，像是特地来印尼探讨理论而已，真是与众不同。他给我的印象是一位宏观的决策者。

不久后，习近平先生荣升为福建省省长，他诚恳地聘请我担任"福建省人民政府国际经济顾问"，我感谢他的看重；后来他又升任浙江省委书记，也招待我游览杭州西湖，谈的是浙江大学的教育问题。我深有体会：他是一位很念旧的朋友，值得怀念的忘年之交。

2013 年，习近平先生以中华人民共和国国家主席的身份赴印尼国事访问并参加在印尼举行的 APEC 会议，受到印尼总统苏西洛的隆重接待。在印尼总统举办的国宴上，我们再次见面，习近平主席对苏西洛总统说：李文正先生是我多年的老朋友。

我默默地为他祷告，愿神祝福他，实现他的中国梦。

## 发展当格朗卡拉瓦奇为高档住宅区

1990 年，印尼经济在长达 20 年的繁荣后，开始进入周期性的调整阶段。央行上调利率，采取银根紧缩的政策，经济开始衰退萧条。众多企业面临财务困难，这直接影响到金融行业，多数银行的不良债务大幅攀升。

在恶劣的经济大环境下，力宝银行被迫无奈地接受了作为抵押品的三块大面积土地，地块都在雅加达市区以外。东边的两块离市区 45 公里，是草木不生的用于烧砖瓦的荒地；西边的一块也是离市区 25 公里的荒地，其 13 平方公里范围内只有不超过 100 棵树。那个时期的雅加达，只要离开市中心 5 公里以外，就全是田园，这三块荒地远离市区，面积共计 70 平方公里，要如何变卖处理，真正成了难题。

为了消化这三块土地，我去新加坡、吉隆坡、马尼拉、台北和深圳等地参观，观摩这些大城市的新兴城镇，学习他们土地开发的经验与业务模式。最后我从深圳的开发模式中得到启发：那就是对土地利用的定位，这是土地开发成败的关键。台北、马尼拉、吉隆坡的地产开发都是大城市的延伸，而不是新城镇的开发，力宝的三块地都远离城市，交通困难，所以不能采用他们的造镇模式，但深圳的造镇模式值得仿效。

中国政府把深圳定位为香港的延伸，用以迎接香港劳动力密集工业的转移，其目标非常清晰，因此整个发展方向与开发步骤都是配合这个定位而准备。深圳的发展模式适合我们三块地的发展的方向，应该用深圳的发展理念，去分析我们这三块地的用途，实际上是对土地的用途做个定位。

我们在雅加达市西边的卡拉瓦奇（Karawaci）这块地的周围做了详细的调查，了解到自苏哈托时代的经济改革开放以来，工业的发展都是集中在首都西部50公里外的区域。因为当时没有长远的规划，工厂企业大多是零零星星分布在这个大的区域内，没有正规的住宅配套区。工业企业的高级管理者每天都要早晚往返，交通拥挤，甚是不便。经过深入研究后，我有信心把卡拉瓦奇定位成为印尼工业区的居住配套区以及雅加达西部的高级住宅区。

卡拉瓦奇已经定位成为雅加达西部的中高级人群的生活区，那么应该具备哪些设施与条件才能符合这些中高级人群的要求呢？研究的结果是必须具备下列几项条件：（1）地价不能便宜，因为地价彰显身份；（2）环境要优美；（3）高档的学校；（4）高档的医院；（5）高档的高尔夫球场；（6）豪华的俱乐部；（7）超级购物中心；（8）高级的办公大楼。上述高档的设施实际上也是将来这个生活区的经济动力，没有动力的生活区是留不住人的，这是大道理。

接着是实施方案的步骤：

1.第一个建筑物是有英语与印尼语的双语国际中小学，当时聘请了一百多名具有师范文凭的美国教师，再配合一百多名有英文基础的本地教师，以 1 : 10 的师生比例细心教导学生，并关心学生的品德与操行。学校强调德育和智育合一并重的教学理念，校名为"希望之光中小学"。这一措施填补了印尼没有好的中小学的空白，在此以前雅加达的富家子弟都只能送往新加坡去上国际学校。我们把建校定为首要任务，优先启动建设的工程。一经宣布招生开学，许多人争先恐后来报名，踊跃程度令人惊讶，我庆幸目标设定准了。

2. 第二个建筑是最先进的五星级医院，聘请新加坡鹰阁医院（Gleneagles）来管理，因为印尼的高层人士有病都是去这家医院医治，我们这一家医院也是美国 JCI 认证的医院，这符合印尼中高层阶级人士的需要。

3. 第三个建筑是面积达 20 万平方米的新型购物广场，其中除了有好的百货商场，好的超市外，也有儿童娱乐园、电影院和齐全的餐饮店，当然也有各类品牌商店。

4. 第四是建造一座最高级的高尔夫球场，留下球场四周的土地用于高级住宅的建设。

5. 第五是建造一座豪华的俱乐部，备齐各种运动与餐饮设施。

6. 第六是植树 8 万株以美化环境。

7. 第七是建造五幢高层公寓与两幢办公大楼。

8. 第八是建造环区公路。

上述 8 项工程几乎是同时兴建，规划前瞻、工程浩大、理念新潮，瞬时轰动全城，力宝卡拉瓦奇公司名噪一时，这也成为我们免费的广告；为了进一步增强民众的信心，我把住家和力宝集团的办公大楼搬迁到卡拉瓦奇。这里的地价从最初的成本每平方米 10 美元上涨到 4

年后的每平方米 300 美元，今天更是升至每平方米 2 000 美元；整个社区经过多年的培育，已经成为雅加达市郊环境最幽雅的生活区。

顺便提起，为兴建这一地区需要大量资金，最佳的途径是上市集资。为达到顺利上市的目的，我曾经请求香港的华润集团和李嘉诚先生参与小股以壮声势，这又是一个骑马追马的例子。

## 发展力宝芝加朗成为印尼最重要的工业园区

芝加朗（Cikarang）是远离雅加达市区 45 公里的一个县，原先是烧砖瓦的贫民区，一片不毛之地，只适合用于工业方面的开发，前业主也把这块土地定位为工业园区，只是招商方法不对造成了经营上的困难。

经过详细研究后，我们决定先拨出 1 200 公顷土地，分作四个园区。其中第一个园区以每平方米 1 美元的成本地价与日本的住友商社（Sumitomo Corp）合作，日方占股 51%，由他们主导经营专招日本企业投资设厂；第二个园区也是以成本地价与韩国的现代集团（Hyundai Group）合作，韩方占股 51%，由他们主导经营专招韩国厂商投资投厂；第三个园区也是以成本地价招台湾厂商投资设厂；第四个园区由力宝集团自己经营，专招印尼本地企业投资设厂。如此分工，大家有好处，各个园区的发展都很积极。在短短两年时间内，整个 1 200 公顷的土地上已盖满各式新工厂、新设施，一片兴旺繁荣的景象。

为了提升整个工业区的品质，我们不但赠送土地给政府，让县里的行政机构搬迁到芝加朗园区内，而且也配套建设生活区，里面有国际学校及比一般国民中小学更好一点的中小学，好的医院、酒店、俱乐部、现代化的购物广场、自来水厂、污水处理厂等等，整个工业园区的绿化与包装也都一并统筹安排。不久后芝加朗工业园成为这个县的行政中心和商住中心，同时也是全印尼最规范、最优秀的工业园区，园区里生活区的地价已经涨到每平方米 500 美元。

因为芝加朗有很多工厂企业来自日本，这里的日本人特别多。我们正在通过日本的三井商社寻找合作伙伴开发建设"小东京"大型城市综合体，建筑面积大约 50 万平方米，里面将引进原汁原味的日本百货店、日本超市、日式餐饮、日式的酒店和公寓，就连中小学也是讲日语的。这个计划的定位就是为了满足日本投资企业的管理人员及家眷的需要。现在市场上反响热烈，成功在望。

纵观芝加朗工业园的发展过程，我认识到准确的定位是取得成功的前提和基础。

## 把荒地变成美丽的陵园

第三块土地面积 500 公顷，地点位于加拉璜县，在芝加朗还要再往东 14 公里的地方，位置较之前两块地更加偏僻。这里也是属于烧砖的地质，地块里缺水，没有树木，但属丘陵地貌，山势起伏，环境幽美。这块地既不适合居住，也不适合开发成为工业园，真是无计可施。

有一年的清明节，我赴东爪哇省玛琅市到父母亲大人的坟前扫墓。那里是一片大约 10 公顷的陵园，因无业主管理以致杂草丛生、蛇虫出没，加上盗墓猖獗和治安恶劣，让我有了迁墓的打算。回到雅加达后，我特地去看了几处陵园，大致情况都差不多，地主卖了墓地后就交由墓主自行打理，各自为政，零乱无序，我估计几年后又会遭遇与在玛琅时一样的境况。由此我想到，加拉璜 500 公顷的土地是否可以开发成为陵园？

美国加利福尼亚州的玫瑰陵园我去参观过，建设得就像一个很大的花园，陵园里种植有成片成片的玫瑰花，绿草如毡，曲径通幽，树木高低有序，一块块墓地整整齐齐，庄严肃穆。陵园里面还配套有教堂和餐厅，甚是方便。我想这个模式应该是正确的与适宜的。我立即飞往美国加州，再次深入体验这个陵园，同时请人绘图设计并开始筹备工作。

没料到的是，因地块周围的居民多是伊斯兰教徒，他们对于改建为佛教与基督教的墓地持有异议。经过耐心地、慢慢地解释与联络感情，我们花了将近 10 年的时间才说服当地居民，最终总算成功取得营业准字，项目得以按计划实施。

这块地本身就是一片高高低低的丘陵，只需少量土方工程的整修就变成像高尔夫球场的环境，低地之处挖成一个人工湖，沿途种植松树与其他特选的树种，空地上全植上茵草，各类花卉。适当的地方安排红酒屋、教堂和游泳池等配套设施。从山头上看下去，整个陵园就像是一幅广阔的图画，大气而优美。这里成为东南亚最美丽的一个陵园公园，节假日游人如织，连一些新人拍摄婚纱照片也把这里选作外景地，这里成了雅加达一景。

这又一次证明，土地资源的利用得当是最高的增值法。

## 土地资源的开发业务

从这三块土地的开发经验中我得出一个结论：所谓土地开发业务的根本，就是决定土地利用的层次，或者说如何提升土地的利用层次，层次越高，增值就越大。当然层次越高，其要求的配套也越多，切忌开一流的餐厅，但选在二流的地点，用三流的厨师，定四流的价格，这种不配套的业务模式变成不伦不类四不像，最终是要失败的。在上面我两次提到地价与收费不能低廉，是因为价格是彰显身份的标签，比如加拉璜的墓地定位为富贵墓地，墓地价格必须要高，这是对父母孝心的表现，是富豪身份的象征，我的经验是墓地愈贵，富人越趋。

我们是在印尼经济不景气的环境下被迫走进土地资源的开发业务，我们的定位不是房地产开发，而是土地资源的开发。

如何把荒地变为农地？把农地变为工业用地？把工业用地变为商住用地？商住用地里又分为低、中、高三个档次。每一个利用层次的提升，都会带来价格的提升，发展商所获利润也随之提升。

凭着上述三块土地的成功开发经历，力宝集团在地产界树立起卓越的声誉。今天慕名而来把土地交给我们开发的越来越多，诸如位于望加锡的 Tanjung Bunga 房地产公司 7 平方公里的开发区，韩国仁川 3 平方公里的开发区以及冼都（Sentul）36 平方公里的开发区等。在我们的辛勤经营下，每平方米的土地都有准确的定位，每一个项目都成为市场追捧的顶级商住项目。

# 危机中的生机

经验告诉我，土地资源的开发业务隐藏着无限的商机，应该成为力宝集团的核心业务，并顺流掌控由其延伸出来的教育事业、医疗事业、购物广场以及购物广场内的百货商店、超级市场、电影院等业务。对这些业务加以整合，并综合发展成一个庞大的产业集群，而成为力宝集团的核心业务。这是今后力宝集团事业发展的新目标。

讲到市镇开发业务，我曾经细心研究过雅加达两家市镇开发商的经营状况，他们的生意都做得很好很大，但并没有赚进大钱。分析结果是，他们总是在卖生地，卖掉刚开发出的地块，接着再开发新的地块，手里没有熟地。但真正能赚钱的是熟地，因为熟地升值的空间比生地大很多。

有鉴于此，20世纪90年代初开发力宝卡拉瓦奇（Lippo Karawaci）时，我决定在最核心的地带保留大约400公顷的土地，过渡性地利用作为小广场、娱乐场和果园等，既成为景点又可获租金以维护环保，真正的目的是等待地成熟后，再开发而获得高额的增值。现在这400公顷土地，如果按可建率60%再乘以5倍的容积率计算，那么楼面面积（GFA）可达1 200万平方米。以当下的楼价约2 000美元每平方米计算，这块地的总值不少于240亿美元。如果每年建设并销售50万平方米，要费时24年才能完成。这就是生地变熟地的业务模式。在雅加达东面的芝加朗工业区我们也同样地预留了700公顷土地，等待生地变熟地之后再开发出售。

1991 年的印尼经济危机，意想不到地让力宝集团重新调整业务方向，进入到土地资源开发的领域中。经验告诉我们：每次危机都隐藏着生机。

## 经营权与所有权分离的理念

银行业最大的风险与威胁来自市场谣言、政局动乱、金融风暴、经济衰退、货币贬值等，这些情况在发展中国家却是家常便饭，随时都可能爆发，防不胜防。在我 46 年的银行家生涯中，经历了很多次银行挤兑风波，几乎是不到 5 年必有一次。我看到多位银行家不幸的结局，不单银行倒闭而且累及广大客户，最终政府必须出面担当，国家蒙受巨大损失。我的结论是，银行最终是政府的负担，作为一个有责任感的银行家必须好自为之，不能让国家蒙受损失。换句话说，千万不可把银行当作私有事业、家庭事业，银行业务必须光明磊落，在阳光下经营，受公众的监督，只有这样才能保长久平安。

为了实现在阳光下经营，我想唯一的途径应该是上市，使得经营权与所有权分离，再通过银行法规让单一股东的股权分散，避免一家独大控制银行的行政权。只有这样，才能最大限度地杜绝银行经营失误和消除社会谣言。

我一生经历了多次银行挤兑风波，虽然都能安然渡过，但是后怕却始终如影随形，永不散去，成为生活中的阴影与工作上的压力。如何搞好银行才能对得起股东、客户和国家？我的心思常常在琢磨这个题目。

1991 年与林绍良先生分家，换股后我成为力宝银行的大股东。李白从力宝银行创始就担任银行总裁职务，在我成为大股东后，所有权和经营权就同属一家了，李白的角色反而成为我的负担。我面临的选择是：要否实践"所有权与经营权分离"的理念？

经过长久的思考，为了社会的安宁，也为了李白的平安，我还是决定遵从两权分离的理念。我聘请马库斯·贝尔马蒂（Markus Permadi）先生取代李白在力宝银行的总裁地位，聘请哈希姆·林先生取代我的董事长职位。如此我总算实现让力宝银行阳光化经营的理想。

## 1995 年大挤兑的启示

前面提过，经营银行最大的风险与威胁来自谣言，谣言危及信用而引起挤兑风暴。1995 年春，力宝银行就应验了这个顾虑，在还未阐述挤兑的情形前容我先叙述谣言的起因。

雅加达东边与西边是平原，北面临海，南面背山。在山麓下有一个小镇叫冼都，距离首都约 40 公里，雅加达至茂物（Jakarta-Bogor）的高速公路经过那里但没有出口，因此由市区去冼都得走乡村小道。由于沿途要穿过好几处拥挤的集市和年久失修的路段，所以 40 多公里路要走 2 个小时。沿路山清水秀，一到冼都就能感受到与市区的强烈反差，这里空气清新凉爽，原始生态保存完好，风景秀美宜人，当地人安居乐业，民风淳朴，与 40 公里外的雅加达相比简直就是世外桃源。冼都是最靠近首都的好居所，极具发展前景。

　　时任总统苏哈托先生的三公子托米（Tomy）先生在冼都买了几千公顷的土地，曾有传闻要把首都迁到那里，也曾经尝试开发成为住宅区但都没有兑现。后来他看到力宝开发卡拉瓦奇与芝加朗两个城镇都很成功，因此托人邀我参股开发冼都。我一向主张政商分离的原则，所以对总统三公子的邀请婉言谢绝了。当时有一位穆尔迪奥诺（Moerdiono）先生是国务院秘书长，此人很懂官场权术，精于拿捏传达总统授意的分寸，官比总统小，势比总统大，雅加达官商都惧让他三分。总统三公子后来偏偏拜托这位穆尔迪奥诺先生出面邀我入股，在这种情形下，我只好接受参股 25% 并负责主持业务。

　　我的判断是冼都的地理位置有明显的优势，可以开发成为雅加达的风景休闲区，但必须倾力买下开发区通到高速路两公里长的土地，作为连接高速公路的通道，这一下就能解决交通的瓶颈问题，把行程由两小时缩短至 40 分钟。经过与好几家业主艰难的谈判，终于买下这块地，连通了高速路，最主要的难关克服了，成功在望。

　　接下来照样地在冼都优先开办国际学校，兴建高尔夫球场、五星级酒店、购物中心，整理土地，种花，植树，造湖，优化冼都的大环境，然后建楼卖屋，开发区就这样成功发展了。

　　可是过了不久，意想不到的事发生了。总统三公子派来的财务经理竟然仗势欺人，勒索承建商和供应商，如果不给佣金，他就找借口拖欠账款。这个消息扩散后，经过力宝集团竞争对手的包装，变成为有目的、有计划的谣言。

　　起初是一些大客户取走存款，我们不警觉，持续了两个星期后开始有长龙排队取款，我们才发现是挤兑风暴。后来听说谣言是与冼都项目有关，我们立刻调查，才了解到财务经理故意推诿拖欠的行为。可是我们的纠正行动已经阻止不了挤兑，因为谣言已经被银行同业包装后，用来攻击力宝银行。

我有过多次银行挤兑风波的经历，向来我都坚持备有30%的客户存款准备金，所以这次挤兑风暴已经发生了一个多月但并未危及银行的流动资金。那时，力宝银行的全国分行几乎每天都是客户排长龙挤兑。在这种危急情形下，我只好写了一封信给印尼的中央银行，大意是："三个月前印尼银行刚刚对力宝银行进行了一次费时两月的年度检查，其结果是良好。现在力宝银行面临谣言已经将近两月，力宝已经两次要求印尼银行出面代为辟谣，但印尼银行都不予回应。现在估计力宝银行的存款只够两天的挤兑，我们再次恳请印尼银行根据事实代为辟谣。如果明天印尼银行仍不愿意出面辟谣，我们只好登报公告，自动关门，交给印尼银行去处理。"

我亲自把这封信和象征力宝银行的总行大门钥匙交给印尼银行行长，当时行长仍很镇定、和气地劝我安心不用惧怕，请我先回。我一肚子气地离开了中央银行。

回到力宝银行后，我无奈地等待着。突然电话响了，是林绍良先生来电，他请我马上去见他。我一到中亚银行，就看见林绍良先生已经与印尼国际银行（International Indonesia Bank）的董事长黄奕聪先生、印尼金融银行（Bank Dandmon）的饶耀武先生、巴厘银行（Bank Bali）的腊么里（Ramli）先生和印尼国民商业银行（BDNI）的林德祥先生5位一起在会客厅等我。大家寒暄后，就关心地问起力宝银行的状况。我很镇定地向他们通报了情况，我坚信力宝银行是健全的，是资可抵债的。我向几位表明：已决定明天关闭银行，交给印尼银行去做善后工作。我只是向他们道歉，如果力宝银行明天关闭肯定会小小波及影响到各家银行，请他们包涵。

听完我的通报，他们显得出奇的镇定。他们安慰我，表示会支持力宝银行，继而问我需要多少资金周转。我告诉他们：现在力宝银行面临挤兑，任何一家银行面临挤兑都无法用现金来解除信心的动摇。客户的信心动摇是银行的致命伤，无法挽救，我不愿意拖累他们，我拒绝他们的好意。我的立场和表态让他们很惊讶。

最后，林绍良先生告诉我，这是中央银行行长的授意。印尼银行不愿意出面直接支援力宝银行，原因是最近有一家原住民银行刚刚倒闭，印尼银行没有出面支援，所以央行不便公开出面支援力宝银行，特地周旋安排五家民营银行予以支援。

我知道了背后的缘由，真心地感谢印尼银行，也感谢 5 位同业的同情与支援，但我告诉他们：力宝银行真正的麻烦是你们 5 家银行的分行经理，他们为了争生意所以每天对客户散布谣言，这是常理我不见怪。所以真正能解救或恢复力宝银行的信用是你们的分行经理。我恳求这 5 位朋友同意发信给他们的分行经理，大意是：

### 致分行经理信

我们 5 家银行的董事已对力宝银行进行了验查，证明力宝银行是一家健全可信的银行。因此，我们 5 家银行决定联手支援力宝银行，希望各地分行支援力宝银行。

5 家银行董事

我也请求他们准备大约 3 天到 5 天的周转金，一切问题都可以顺利解决。他们同意了我的要求，立即行动。

果然信一发出的第二天，消息传出印尼银行指定 5 家银行出面支援力宝银行，因为力宝银行是一家健全可靠的银行。就是这么一个信息，力宝银行的客户已经开始回来存款。客户对力宝银行的信心恢复了，力宝银行的业务又开始热闹了。再一次印证了我的观点：银行的基础就是信用，而谣言是信用之大敌。

1995年的挤兑风波再一次提醒我：要无时无刻，谨慎地、保守地健全本身，发展企业。有必要做一次全面性的企业体检，做一次全面性的业务瘦身，使企业更具结构性的健全。

历经了这次困难与危机，我的体会是：塞翁失马，焉知非福。


## 企业的健康体检

力宝银行遭遇挤兑期间，我发现财务报表中借贷两方都出现许多理不清的暂挂账目，所以有必要进行企业的健康体检，找出问题并加以改善。

为此，我突击式访问力宝银行，召集经理会议，并请财务经理解释有关"暂挂"账目的起因以及处理的方法。经理部无法说明起因，一年多以来已经多次采取清除旧账的行动，然后从新的一天开始记录新会计的办法，但在新会计的头一天就出现了找不到理由的众多误差账目，无法清理只好予以暂挂。

暂挂账目在财务报表中的功能，在我看来就是垃圾桶的功能，把不能处理的来往账目丢进桶中，暂且使财务报表平衡，这是自欺欺人的做法，是财会的一大忌讳，是贪污舞弊的源头，是绝不可宽恕与轻视的灾难。

听完经理部的报告后，我仔细查对最近几天的财务报表与附带文件，看到暂挂账目多数是来自：（1）分行内部各单位之间；（2）分行与分行之间；（3）分行与总行之间。经理部承认这个问题的严重性，但把过失推给会计的电脑系统。

掌握了这些情况后，我心中有了初步的推测理由，立即与棉兰、万隆、泗水三处分行的经理通电话，向他们提出三个同样的问题：（1）你的分行的会计有否曾经出现"完善"的、没有暂挂的财务报表？还是永远都有瑕疵的会计报告？（2）如果有暂挂账目，是否都是在一个科目上，还是每天轮流发生？（3）分行的电脑是否经常发生断线？

三家分行的答案是一致的：（1）暂挂账目并非每天都有；（2）暂挂账目情况如果发生，不是发生在固定的科目，而是轮替地发生；（3）电脑没有发生断线。

听完三位分行经理的答案后，我初步的结论是：电脑系统是正常无误的。电脑系统可分为四个方面：硬件、软件、系统和网络，如果电脑系统有毛病，那么应该是发生在固定的单位而不是轮替的；换句话说，暂挂账目是发生在不同的单位而且是轮替的，那么这个错误必定来自"人为的错误"，应该要从职工操作方式着手观察才能找到真正的原因。

第二天一早，我到总行的门市部，选择一个适当地点，在那里能观察到各处职工的工作情况。我逐一观察每个部门单位的工作流程是否合理有序，我看到的都是合理的，那么问题出在哪里呢？真让人生疑。

从早上开门营业我一直观察到下午五时收工，都没看到有什么异常的地方。正苦恼时，出现了一个令我惊讶的现象：一到收工时，全体职工马上收拾好桌上的文件，都立刻离开岗位回家了，包括分行经理，也是一到下班即刻回家。我惊讶地问分行经理，为什么职工不先做复查会计后才回家？那么谁在做复查工作？分行经理告诉我，复查工作是交给区域中心去做，分行不负责复查工作。

我一下子明白了为什么会出现"暂挂账目"的现象，原因就是复查工作应该由经手的人亲自进行，他必须负起法律责任，对每项交易进行核对，如果有差错必须认真纠正后才算是完结法律责任。但是如果把复查任务交给别人去做，没有经手的人无法了解交易经过，出现了差错，找谁交涉都不知道，最终只好予以暂挂，我终于找到了"暂挂账目"的真正原因。

次日，我召集全国分行经理会议，当场宣布解散区域中心，即日起每个分行的每一位职工都要负责任在日终时复查当天的交易，如果有差错，受损一方必须即时以电文方式要求对方纠正错误，如果对方不纠正错误，受损的一方必须通报总行的监察主任，而监察主任查明真相后要对失误一方予以文字警告，如再发生同样事件，即予解职。这就是解决暂挂账目的方法，绝对不允许再有暂挂账目的现象发生。

改革方案就是这么简单，次日日终结账，全部结清已再没有暂挂账目的现象，我每天不断地跟踪，一切顺畅，力宝银行恢复了正常健康的运行。

我趁机修订好工作流程，使力宝银行的行政更加迅捷，可以向客户提供更好的服务。力宝银行又再向前迈进一步。

## 力宝银行的瘦身

从前四次的银行大挤兑风暴中我得出一个结论：银行的大客户比小客户更加敏感。大客户一听到某家银行的谣言，不论真假，就争先恐后地提款，甚至趁机动用银行的贷款，他们的理念是以防万一，确保安全。大客户绝不会雪中送炭，只会是雪上加霜，这是人之常理，倒也不足为怪。

过去的经验告诉我，为了防范挤兑的发生，应该经常维持 30% 的风险存款准备金。这次的经验表明，30% 的准备金只够抵御 60 天的挤兑浪潮，仍然不够完善，应该要根据银行存款的结构性特征去制定准备金的结构性，来改善准备金的性能，使得准备金更加合理化；同时，应该注意到准备金的利用价值与流动性。下面是四点应当注意的条件：一、定期存款与放贷期限应成正比例，防止短期存款作为长期放款；二、不定期存款的放贷应注意到流动性与贷款额度的适当分散（不要特大）；三、不定期特大存款应全部存放中央银行收息；四、风险准备金的 30% 应购短期国债以及类似的短期债券。

上述防御性的风险准备金做了结构性的改革，方案已经定下了，我要求经理部利用利率杠杆的功能去疏导改型。另外，收回一些大额放贷以减轻负担，达到瘦身的目的，我认为这是必要的。

## 1998 年亚洲金融风暴中的印尼

众所周知，从 1960 年到 2000 年这 40 年里，亚洲的经济经历了三次大转移。首先，日本承接了美国的劳动力密集工业与相关科技的转移；继之，又从日本转移到韩国、中国台湾和中国香港、新加坡，使它们成了"亚洲四小龙"；再下去，又转到泰国、菲律宾、马来西亚和印尼，但这四国并不很成功。到了1990年，中国进行经济改革开放，大力承接这一波的工业转移大浪潮，及时改革经济体制，发展相应的教育予以配套，取得辉煌成功，大有超越"四小龙"而直逼日本的势头。

印尼在头两次的亚洲工业转移浪潮中，因政治上具有反西方的意识，都漠不关心地让机会溜走。直到1975年，苏哈托政权真正稳定后，才正式接受西方的经济自由开放模式，加入WTO，开始承接工业转移的浪潮，但可惜力度不大，到了1998年又受到亚洲金融风暴的袭击，导致经济全盘崩溃。同一时期，东南亚各国的经济所受到的打击实在太惨，却非常有利于中国经济的起飞与崛起。

亚洲金融风暴的起因就是美国华尔街制造亚洲金融风险的谣言。我之前提过，银行事业最大的风险与威胁是来自谣言，而谣言危及信用，信用就是银行的生命。

亚洲金融风暴，实际上就是美国纽约华尔街的投机家——投资银行利用美国金融界庞大的金融杠杆与衍生工具炒低亚洲各国的货币，掏空各国的外汇储备。首先制造不利于各国央行的谣言，打垮各国银行系统。因为谣言，在短短的40天内，印尼盾对美元的汇率由Rp2 000兑1美元贬值到Rp18 000兑1美元，引起全民抢购外币，掏空各银行的存款，也掏空了印尼银行的美元储备。即便是隔夜同业借贷利息高达70%，也无处借钱。粮食价格大涨，经济几近瘫痪，资本市场已经全面崩溃，股票几乎已变成废纸，每天都有几家银行倒闭。治安大乱，政局开始动荡。好好的一个国家因为一个谣言而造成如此巨大的灾害，很多人已经把家眷暂移新加坡避难。

印尼最终只好无条件接受国际货币基金组织（IMF）与世界银行（World Bank）的摆布，而这两家受西方国家操纵的金融机构实际上就是美国华尔街金融投资家的帮凶，最终把印尼苏哈托政权搞跨，因为美国不喜欢军人出身的独裁总统。

一经宣布国际货币基金组织与世界银行和印尼政府达成融资协议，谣言立即停止，人心马上安定，盾币开始回升。银行挤兑随谣言的消失而停止，市场已经照常运作。一场滔天巨浪的金融风暴只凭着一纸协议就莫名其妙地风平浪静，这就是信心。信心建立了银行的信用，信用驾驭了一切。

40 天的金融风暴，卷倒了林绍良先生的中亚银行，黄奕聪先生的印尼国际银行，饶耀武先生的印尼金融银行，林德祥先生的印尼国民商业银行以及 Ramli 先生的巴厘银行，印尼前 8 家大银行有 5 家都被印尼银行接管了，还生存的是力宝银行，泛印银行和宇宙银行三家。

力宝银行是在大风暴中唯一没有向印尼银行领取紧急援助金（BLBI）的银行，这应该归功于 1995 年发生挤兑后进行的瘦身工作，力宝银行具有更强大的结构性抵抗能力才使得在此次风暴中幸免于难。

挤兑的风暴虽然过去了，但是后遗症太大。基于盾币贬值导致许多企业资不抵债而倒闭，造成银行产生了巨大的坏账；另外，因为利息偏高导致企业付不起利息又使银行产生巨大的呆账，这些账目最终都变成银行的不良资产，成为银行业的致命伤，力宝银行也难免面临同样情况。

为了摆脱这个宿命，只有两条路可以选择：一是把力宝银行交给印尼银行接管，放弃股权；二是银行必须增资以涵盖不良资产。最后我选择增资以求生存。我把力宝人寿70%的股权以3亿1仟万美元卖给美国的AIG人寿保险公司以解决力宝银行的不良资产。换句话说，我卖掉力宝人寿70%的股权，从力宝银行承接了许多不动产，力宝集团无形中从金融业向地产业转变。

顺便一提，马来西亚政府在处理这次金融大风暴的侵袭中，表现得很果断，一见形势不对，立即宣布：外汇管制，执行固定汇率，暂闭资本市场并宣布全面支援商业银行。这四个措施印尼都没有采取，马来西亚保住了江山，印尼失去了半壁江山。

痛定思痛，结论是：在一个发展中国家经营金融业，因为政局不稳可能引起挤兑，经济动荡可能引起挤兑，天灾可能引起挤兑，小谣言也可能引起挤兑，风险无处不在。40年来，几乎都在大摇篮里求生，实是累不堪言，徒叹无奈却又骑虎难下。

因为印尼属于政治和经济不稳定的国家，这导致力宝集团在香港和美国的银行业务也受到当地的银行监督机构不平等待遇。普通银行的资本充足率（CAR）只要8%，而我们的银行必须要15%，如此使得我们的资金成本高了将近一倍，如何可以竞争？并且受到格外严格的监控，实在吃力，每天都要通过律师楼回答一些莫名其妙的问题，高昂的律师费用压得喘不过气来。

亚洲金融风暴虽然过去了，但是后遗症历久不愈，印尼银行几乎每天都会派两队人马到力宝银行翻查所有来往文件，每个月都会传召董事会与经理部问话，就连放一笔贷款都必须征得他们的同意，这简直是精神虐待，真是累不堪言。这个后遗症延续了 6 年才痊愈。

我开始在思考，是否要让我的下一代去承担这些累赘？

## 土地是资源，也是原材料

2014 年 10 月我开始亲笔写这本自传，不知不觉已由 1929 年写到 1998 年了。1999 年全球掀起了"千禧年恐惧"，很多科学家都认为 2000 年 1 月 1 日全球的电脑将出现故障瘫痪。从物理科学或哲理角度去看这一传言都无法说明这个未来的故障发生的原因，但是印尼银行命令每家银行都要成立应对千禧年的灾难委员会，还举行了几次研讨会，讨论应急行动。

千禧年，对我来说更应该考虑的切身问题是力宝集团在千禧年后的业务方向，要集中精力发展什么事业？这里有两个方向：一个是金融事业，另一个是土地资源事业或其他业务。

金融事业看上去很威风，但实际上一切的权限都在印尼银行手中，连聘请一位中级干部都要他们审批，甚至我自己是银行的大股东，我在银行里的职位也必须先获得他们的审核同意。银行的主业是放贷，但每一笔放贷也要经过他们的同意，每一笔开支也要他们认可。总而言之，今天经营银行，面对银行的实质资产我们只能看不能动。印尼银行如此严格，主要是因为银行对谣言的抵御力太弱了，银行业的风险太大了。力宝银行 1995 年发生一次大挤兑，1998 年又面对另一次亚洲金融风暴所引起的大挤兑。

到 1998 年我一生共经营银行 38 年，其间经历了 5 次挤兑，平均每隔7年就遇到一次，尤其惊人的是1995年到1998年经历了两次大挤兑。这不由得引我深思，像这样的时常惊涛骇浪的银行业务传给下一代是否妥当？我天天想，日日闷，但总是拿不出主意，矛盾得很。

另外，1991年因为经济不景气，银行的呆账成为大量的不良资产，几乎都是土地；1995年到1998年的大量不良资产也几乎是土地，无形中我们已是拥有大量土地资源的业主。我们必须面对新的局势选择明晰而正确的策略。

按常规，首先是对某种业务的性质做出判断，然后再根据业务的性质定出业务的策略。经过深思，我肯定了土地是资源，是原材料，可以经过加工制造成为另一种形态的产品，予以商品化而出售或租赁。

土地的性质明确了，加工的方向和产品根据地理、环境、人口等因素有伸缩性地改变而成为产品，发现其中通过加工引起的升值和带给企业的利润是银行业所不能比拟的。

新加坡是政策最透明和"居者有其屋"的一个地方，早在20世纪70年代住房机制已经很完善，几乎每个居民都有自己的家。但是几十年来，新加坡仍旧不断地每年建造新房屋，其中有周期性的价格升降，但在较长远的时间里，房价总是在上涨。香港也如此，有人说这是岛国的特征。但实际上连美国的房地产也是如此，更甚者，美国或其他发达国家，地产与汽车这两个行业竟是经济成长的主动力。

考虑到此，我们是在不经意的情况下拥有了如此庞大的土地资源，土地作为原材料可以做许多加工业务，长期开发后的升值空间惊人，这是力宝集团发现的一个新大陆，应该专心地去开发。

这是千禧年给我的礼物，感谢神的恩赐。

我决定放弃银行业，仅保留保险和投资银行业务。

今后我们的核心业务是两个天然资源的开发业务：一、土地资源的开发业务；二、信息网络资源的开发业务。

## 土地资源衍生出来的产业集群

前面说到，力宝集团的业务已经进入一个新的领域，那就是土地资源的开发业务，并成为集团的核心业务。

"土地是资源，是材料"，这是一个崭新的商业理念。因为是原材料，所以可以加工当作农业用地、工业用地和住宅用地，可以加工成为购物广场、超级市场、百货商店、电影院、儿童娱乐场、连锁酒店、连锁医院和学校等；还可以进一步发展为综合体，聚集以上各种功能的楼群为一体。

上述 8 种功能的业务可以衍生发展成为 8 种不同的独立的连锁或商业产业链，它们既是独立又是一体的，联合起来就成为一个威力无比的产业链，带给企业利润巨大的升值空间。

这个庞大的产业链可以随心所欲地变荒地成为宝地，变低级社区成为中级或高级社区，有着点石成金的威力。

上述的策略转型要产生 8 种连锁业务，既是各自独立又是共同联体、合力协作的商业网络，很是奇特，具有特殊的商业模式。但基本上是分而治之，先从最基层最小的工作单位进行细致的分工，再从这些小分工的枝节去规范它，去量化它，最后由低往上连合。按这样的管理原则把整个过程写成工作流程，又把工作流程信息放入到电脑系统，这个电脑系统就是管理的核心。

我花了数年的时间完成了百货店、超级市场以及医院的电脑管理信息化系统，这是发展连锁店的先决条件。只有具备这个完善的电脑系统，才有可能每年开25家的百货店、25家的超级市场、6家医院以及其他的连锁店。

力宝集团已经成为印尼最大的连锁系统，我们有最大的购物广场、最大的百货店、最大的超级市场和最大的医院；我们还有印尼最大的工业开发区，最大的城镇开发区。现在每年都要完成50万平方米的建筑物销售。我很欣慰能有这样的成就。


## 医院是公益，也是产业

前面讲过，要把卡拉瓦奇这片荒地开发成为高端的住宅区，必须具备高档的医院、一流的国际中小学以及最时尚的购物广场。在这三个服务业中，兴建购物广场与兴办中小学都不是问题，只有医院对力宝集团是空白的，我们毫无经验可言。从哪里起步？如何申请建院执照？如何设计？如何营运？如何聘请名医？我们都一无所知。最后想起印尼人最仰慕新加坡鹰阁医院（Gleneagles Hospital），我通过许多关系用尽办法，说服了他们合资建立印尼的卡拉瓦奇鹰阁医院，这是一个品牌，能为卡拉瓦奇增光添彩。

鹰阁医院经过3年多的筹建后正式营业，初期的4年因为新区的居民尚少，病人不多，所以医院一直处于亏损状态。新加坡的鹰阁医院不想承担亏损，他们决定售股撤退，采取了单方面的行动，这让我们一时束手无策，但面对现实，只好接过担子自行经营。

印尼国营石油公司有几家连锁医院，院长是位华裔，名叫萨蒂亚尼加拉博士（Dr. Satyanegara），他也是一位著名的脑外科专家，医术高超，声望很高。我看中了他，得知他接近退休，托了很多朋友说服他到卡拉瓦奇鹰阁医院当院长，最后事成了，由他主持医院，我们也把鹰阁医院改为西罗亚医院（Siloam Hospital）。

随着萨蒂亚尼加拉博士的进来，他也聘请另外三位名医过来进行会诊，西罗亚医院开始热闹了，业务一天比一天好，可是仍然每年亏损。同事们曾经提议关掉一直赔钱的西罗亚医院，我不同意，因为西罗亚医院是我们对入住卡拉瓦奇居民的承诺，也是力宝集团的社会责任，即便年年亏损，我们也必须坚持。

随后，不如意的事情又发生了，萨蒂亚尼加拉博士做了3年院长后，又要辞职了。这对我是一个很大的打击，我想尽办法挽留他，最后只好忍痛欢送他。感谢萨蒂亚尼加拉博士的贡献，经过他的栽培与努力，西罗亚医院已被公认为脑外科医院，并由一位年轻的脑外科专科医生埃卡博士（Dr.Eka）接替了萨蒂亚尼加拉博士的职位。

埃卡先生是一位很有进取心的年轻医生，我鼓励他去日本深造，继后又在西澳洲大学医学院获得脑外科博士学位，成为亚洲脑外科医学协会的会员。我鼓励他邀请亚洲脑外科医学协会在印尼雅加达卡拉瓦奇召开年会，并准备发表医学论文。他成功地举办了这次年会；3年后又在卡拉瓦奇举办"世界脑外科医学协会年会"。会议非常成功，后来埃卡博士被选举成为亚洲脑外科医学协会的主席。这是个胜利，是大家的光荣。西罗亚医院的名声与埃卡博士相映生辉，他成为印尼脑外科领域最有权威的名医，西罗亚医院也成为印尼最好的脑外科专科医院。病人来自印尼全国各地，还有来自新加坡的病人。我为埃卡博士感到高兴与自豪，他是西罗亚医院培养出来的名医，真正是自己的子弟兵。

我认为，医、教、研三位一体的方式有利于医疗事业的长期发展，所以从1996年起就开始准备筹建医学院，但印尼政府一向对医学教育的发展都持谨慎和保守的态度，力宝集团的希望之光大学（Universitas Pelita Harapan）经过重重关卡的审核，花了将近10年的时间才获得医学院的教学认证。2006年，医学院终于开张了。

希望之光大学医学院开办初期，都按照印尼其他普通医学院的模式进行，但我们倾向革新，学习新加坡国立大学（NUS）医学院的教学模式。我把整体教学分成5个领域：一、课程编制，二、教学逻辑，三、教学设备，四、新生资格，五、师资资格。在这5个领域分成5个学年引进改革，每一年改革一级，逐年逐步改革，用5年时间改革完毕。这样的安排使得新旧班别同时进行，不受影响。其中最难做的是师资资格的问题，唯一的办法是聘请外国退休名校教授，这个改革方案获得大家同意，成为共识，共同向前推进。

第一任院长我聘请埃卡博士担任，他是值得栽培的骨干，是出于自己医院的骨干。经过5年的努力，他又获得印尼文教部的提升，成为希望之光大学的教授。埃卡博士一年做1 000多例脑部手术，成功率高达98%，被誉为印尼脑外科领域的最高权威，并成功领导一个由17名脑外科专家组成的西罗亚脑外科中心，名扬四海。花费长达20年的心血，我把西罗亚医院培育成为印尼最知名的医院，总算圆了心愿。

西罗亚医院已经成为最著名的医院，生意好得很，但仍然年年亏损不赚钱。在我的意识里，医院是济世的行业，亏损是正常的，不足为奇。2009 年我心血来潮，突然想起应该整顿改善，以期少亏一点。那时我组织了一个 13 人的团队，进入西罗亚医院去了解医院的工作流程。从病人入院登记诊病开始，到医生的诊断记录，再进入到影像诊断、血液检验、医药配置、入住病房、病情记录、病房卫生、开刀手术、重症监护、废物处理、药房售药、药库储存、病人膳食、会计计算等等，逐个环节地访问并交流看法，然后才编写每个工作单位的工作流程与工作方法，逐一编排，逐一商讨，共花一年半的时间才编写完成。继之又花两年时间，把以上的工作流程与工作方法翻译成为电脑的医院信息化系统，使医院的工作信息化，会计信息化，以及影像的储存、远程提阅系统也信息化，医院的全线作业实现了全部信息化。这是我继银行作业信息化、零售百货与超级市场的作业信息化之后，最艰难的一项信息化工作。

医院工作流程的合理化与信息化工作完成后，我发现医院有很多地方有严重的浪费与作业重叠以及作业瓶颈，这些缺陷是造成医院亏损的真正原因。我曾对多种医疗项目做过成本分析，其结果都是有利可图的，因此医院没有亏损的道理。经过大力改造后，医院实际上是与一般其他事业没有两样，也是一个有利可图的产业，既可济世救人又可获利生财，应该成为力宝集团另一个主要产业。

医疗已成为世界各国的棘手问题。美国号称为世界经营管理的能手，但美国的医院管理出问题，美国的医疗保险出问题，美国的医疗风险保险出问题。奥巴马总统也束手无策，无计可施。国家的医疗预算年年增加，已成为各国最大的负担。

医院诉苦亏损，医保诉苦医疗费太贵。那么问题究竟出在哪里？

医疗应分为两个不同的行业：医院与医保，这二者都应该交给企业予以商业化，引进竞争使售价合理化，使服务人性化。政府只向贫苦人民、公务员提供医保，而不该对医院提供津贴。让医保与医院谈判医疗费的合理化，我深信医疗问题可以妥善解决。

方向看准了，应该进入医疗产业。首先应该建立雅加达大都会的医院网络，在雅加达的东南西北中五个地区各建3家医院，共15家旗舰医院。继之在15家旗舰医院的周围各建2家小型医院共30家。然后依法炮制，在印尼7大城市各建立医院5家共35家，继而在印尼剩余的25个省会筹建25家医院。另外，选择人口多的县市再建30家医院。希望用10年的时间，初步建立135家的医院网络。

具备了这个网络后，再推动高端医疗保险，相互搭配。我相信力宝医疗集团将是世界级的医疗集团，希望力宝的医疗产业模式能够推动印尼医疗产业的更新，以造福世人。

# 教育的心愿

小时候常听父亲提起三句话："家庭要富裕，靠孩子的家教；企业要兴旺，靠人才；国家要富强，靠教育的普及。"这三句家训对我的影响很大，成为我学习的动力和处世的基础。

父亲亲自教我念书识字、写信作文，又教我睦邻尊老、诚实待友、勤俭生活、刻苦耐劳，他以身作则，默默地示范。父亲年轻丧妻而未再婚，终生思念亡妻，对我影响至深。他对长辈的尊重，对父母的孝敬，对胞弟的友爱，对朋友的信实与帮助，都对我有莫大的教诲，这就是家教。我认为，家教是最有意义的教育。

在莆田的老家，祖父开了一间私塾，聘请老师在家里教乡邻们的孩子念书，这是村子里唯一的教育场所，祖父常常到村子里劝诫动员孩子们念书。我想父亲的性格与此有关，并默默地庆幸有这么好的祖父与父亲，他们都很关心下一代的教育。

1980 年我在香港时，莆田县的一位老教育家林文豪先生与台湾的一位林姓莆田老乡来找我，谈及有关建设莆田的事情。我建议发展莆田须得先建大学，大家一致同意推动建莆田学院。我请他们到雅加达和新加坡发动捐助为莆田学院建设 20 栋高楼，我率先认建一座主楼"李文正教学大楼"，其他的人也都热烈响应。就这样，莆田学院成立了，这对推动莆田的教育起了很大作用。

2000 年前后，我带头到北京去拜见陈至立教育部长以及莆田籍的中国科学院和中国工程院闵桂荣院士，请他们支持提升莆田学院成为本科大学，陈部长很支持，3 年后莆田学院升级为本科大学。莆田，北有省会福州的教育竞争，南有厦门的教育对手，所以地处劣势，难以把莆田学院建成一流学府。要突破、要发展就得独辟蹊径，设立海外班以英文课本教会计、教电脑，以迎接各地的经济开放对会计与电脑、英语人才的需求。我出资，一方面派教师到英美深造会计与电脑，另一方面聘请美国的教师来校讲课，如此海外班的学生，毕业即可在各大城市的外企里找到工作，这个海外班收获很大。这是我为老家的教育发展尽的一份微力。

东南亚华人有很多是厦门大学的校友，都会纪念陈嘉庚先生的建校功劳，大家都关心厦大的发展，想尽一份爱心给厦大，以表达对陈嘉庚先生的敬爱，我也不例外。有一次我访问厦大，由时任厦门市委书记洪永世先生接待。席间我提出一个看法:厦门是一个小岛,土地资源有限不宜发展劳动力密集的工业,应提升成为高科技的产业基地,而高科技工业要依靠外国高级技术专业人才,而他们很在意有好的医院,所以厦门大学应该设立医学院。如此,一方面可以让厦门大学的学科体系更加完整,另一方面又可提升医院的服务水准,最终应该把厦门建成福建省的医疗中心,特别是心脏专科中心。

洪书记对此非常认同,积极倡导并推动。当时政府财政还不富裕,我捐助一幢医学院教学大楼,命名为"李文正医学院教学大楼"。后来我和李尚大先生共同聘请澳洲的林延龄教授出任第一届医学院院长,医学院以心血管学科为主;第二任院长是林延龄推荐的何国伟教授,他是香港大学医学院的心血管系系主任。厦门大学医学院从设立起就发展迅速,今天已成为中国著名的医学院之一。因我与厦大医学院这段渊源,后来厦大成为莆田学院的姊妹院校,给予莆田学院师资方面很大的帮助,加快了莆田学院的发展。我很感谢厦大校长朱崇实教授与副校长潘世墨教授的大力支持。我很欣慰能为福建省的教育做出力所能及的贡献。

2003年清华大学党委书记陈希先生赴印尼,期间访问国立印尼大学。印尼大学是印尼的最高学府,每一届政府阁员大约一半是印尼大学的校友。我是当时的印尼国立大学校务委员会主席,统管全校的人事和财务,职务与清华大学的书记相似,所以就由我出面接待陈希书记。大家开口一谈,居然都是莆田老乡,马上普通话变为了莆田话,倍感亲切。我设家宴接待他,气氛融洽。后来我经常去清华大学探访并请教他,我们成为知己。与陈希先生的交往让我获益良深,我也从清华大学学到很多办学的经验。

2008 年，陈希先生高升到辽宁省当省委副书记，为此我特地去清华大学探望他并向他道贺。在晚宴中，他谈起在任内很想在清华大学留一个纪念，他很客气地请求我捐助一幢图书馆，命名为"李文正图书馆"，我非常高兴地答应了他的请求，隔天我们签订了一份《建馆意向书》，我觉得能为中国最高学府的建设尽一份力，是很有意义的事情。

## 我和印尼国立大学

印尼国立大学是印尼的最高学府，是印尼学术、文化、经济和政治主流的发源地。2002 年 1 月，印尼政府对国立大学的经营管理进行了突破性的改革，把国立大学的管理权移交给独立的法人团体——校务委员会（Majelis Wali Amanat）去管理。这个委员会是全校师生选举出来的，再由国家文教部长委任，是大学的最高行政机构，负责聘请校长、副校长以及其他重要人选，并统管学校的财务和教学。委员会成员一共有 21 名，任期 5 年，每星期三开一次全体会议。

我被推选为印尼国立大学校务委员会的第一任主席，这是一份殊荣。担任主席后，校长呈交大学未来 25 年的教育方案，共 4 册，是世界银行出资聘请专家编写的。我花了将近 20 天阅读研究，不知是我的英文不太好呢，还是方案内容太过空洞，难以掌握，我实在无法从中找出切实可行的措施。在全体会议上我请校长解释这几册印尼国立大学 25 年的教育方案，他也解释不出其详。

我笑着跟委员会的同事们说：我年纪大了，看书常常看到中间忘掉了前面，看到后面忘掉了中间，看完了全书，全部忘掉了。我的建议是：因为我们的任期只有5年，所以具体的工作计划也应该只有5年。进一步把5年分为两期，每两年半为一期，如此大家都清楚应该做哪些事，完成什么任务。这些任务是可见可摸的，不要幻想的，都是切实可行的。大家同意了我的建议。

我提出两页纸的工作方案，一页是推动印尼国立大学的会计信息化，另一页是推动印尼国立大学关于信息科技、生命科技以及纳米科技的研究与教学。经过研讨，校务委员会同意我这两页简明扼要的五年工作大纲，并指定校长负责开发三个先进学科，而我自告奋勇负责完成印尼国立大学的会计信息化。

印尼国立大学有10多个学院，其中最大的是政治社会学院，有6 000多名学生。我选定这个学院成为首个改革的对象，假如我完成这个学院的会计改革，等于我已完成印尼国立大学"四分之一"的会计工作。集中精力把这个学院改革成功，作为其他学院改革的榜样，一定要先完成这个学院的改革，使之享受改革的成果，才能引导其他学院进行改革。

政治社会学院的院长是顾米拉尔教授（Prof.Gumilar），他刚上任两个月，很想做成大事。我一提议，他马上响应，愿意合作推进改革。我建议组织一个六人小组，学院派管财务的副院长及其副手两人共3人，我派力宝银行的3位会计师参加。工作静悄悄地展开了。首先是编写工作流程，从全院里挑选一个大系开始编写工作流程，完成各系的工作流程后开始编写全院的工作流程，花4个月的时间编完全部的工作流程。然后根据实际的情况编制会计的信息化，工作流程予以信息化，会计予以信息化，这样共费时6个月时间，完成了政治社会学院的行政规范化和会计信息化。

我安排把学生缴费的工作交给印尼国家银行的收纳处代收，学费直接进入政治社会学院的账户中，总之款项的进出都经过银行处理，使之有据可查。政治社会学院的每个系，在每天结束时都必须检查财务收支，核对清楚后，系主任与院长才可离校。天天结清账目，院长就很清楚每个系的作业是否达到既定的工作目标以及预算。经过这样改革后，每个系的各项收入与开支一目了然，一有不合理的支付，院长立即能够发现，并马上纠错，真正达到"无浪费、不舞弊"的境界。对收入达不到目标的有关科系，进行检讨，大力改进，如此政治社会学院的收入大增，教职员工的薪俸也随之增加，皆大欢喜。

政治社会学院工作流程的革新带来了新气象，现在有了完善的会计制度，有了完善的财务报表，能清楚说明每个科系的财务情况，并且立竿见影地给教师与职工带来增薪的好处。这项改革成为其他学院效仿的榜样，很快印尼国立大学全校都推行了会计信息化的改革。印尼国立大学的收入在 2002 年到 2007 年期间，从 Rp240 亿提升了几倍。

完成了全校的会计信息化的改革后，我花了不短的时间研究了校园建设的问题，随后向校务委员会提出三个改建扩建校园的方案：

第一个建议是如何重建萨冷巴（Salemba）街的旧校园。

旧校园位处首都的市中心，面积 9.4 公顷，两面临大街，两面临小街，商业价值很高。旧校园里有荷兰殖民政府建的医学院，很规范，而其余的大部分建筑物都是临时性、不规范的，杂乱无序，且年久失修，土地的利用程度很低。如果重新规划建设，将为大学带来极为可观的利益。

我的计划是在离雅加达市 40 公里的冼都建一个临时过渡性质的

校园，旧校园里将医学院作为古建筑保留下来，其余全部拆除重建。新校园的规划是地下建两层，最底层8万平方米做停车场，地下一层与地面一层共13万平方米做商场，出租30年，每平米预收租金5 000美元，共收入6.5亿美元，而造价成本是每平米500美元，按24万平米计算，共1.2亿美元，所以大学可以有预收租金的盈利可达5.3亿美元。而地面一层以上的空间可以建30栋20层高的大楼，用作为教学大楼、研究大楼、师生寄宿楼，酒店，会议厅，等等。这30栋大楼我将负责号召印尼的30家大企业各捐一栋，该栋大楼以捐助者的名字冠名。这之前我已与几位朋友商量，他们都乐意捐赠，证明这是可行的。在这个计划之下，印尼国立大学将拥有一个崭新的、高配置的校园，并拥有现金5.3亿美元，用作科研经费，从而有条件迅速在学术研究水平和教学规模方面上台阶，跻身亚洲名校之列。

第二个建议是在冼都镇建印尼国立大学第三校园。

冼都镇离雅加达大约40公里，那里地处山麓，不但风景优美而且空气清新，是个不可多得的好地方。前总统苏哈托的公子与郭瑞腾先生在这里拥有几千公顷的土地，但开发的进度很慢。我请印尼国立大学的副校长埃迪·多特博士（Dr.Eddy Toet）先生去说服土地业主捐赠500公顷给印尼国立大学作为第三校园，印尼国立大学进驻这个区域可以立即带动这块土地成为高级住宅区与商业区，这对双方都有利。埃迪·多特博士先生很能干，在他强有力的说服下，业主即刻表示欢迎合作。

第三个建议是在德普（Depok）第二校园兴建医学院、医院和酒店等。

德普的校园共有近300公顷的土地，有很完整与规范的建筑群，是印尼国立大学的主校区，但这里仍有大量土地可以增建医院与医学院、师生宿舍、酒店、大型会议厅以及校园的学生购物中心等，同样这些项目都可以邀请企业家捐赠，我有信心可以说服他们。

上述三个计划不仅更新了印尼国立大学校园建设的硬件，扩大了校园面积，而且让学校获得了充足的发展资金，多方获益，因此得到校长以及校务委员会多数委员的赞成；但不幸的是，其中有一位法律专家的委员连同校内的一位建筑工程教授煽动学生站出来反对，他们打着环保、保护文化遗产和反对教育事业商业化的幌子，通过烦琐的法律程序和学生运动给校园改建方案施加了极大的压力，导致校园改建方案最终胎死腹中，真是可惜。

讲到纳米科技，20世纪80年代我担任美国南加州大学校董以及堪萨斯州立大学校董期间，在学校董事会里经常听到其他董事们提及纳米科技。后来我问清华大学的教授关于清华大学未来的发展方向，他们也提出纳米科技是其中之一，所以我知道纳米科技的重要性，但那时我仍未真正了解纳米科技。当我在印尼国立大学校委会上倡议发展纳米科技的时候，其他校务委员们也不知道什么是纳米科技，我只好到处找相关的资料，自己先阅读学习再向他们解释。

我共读了16本有关纳米科技的书籍，其中大部分书讲到纳米科技的商业价值，少部分书提到纳米科技的学术性问题。这是一门很玄幻但又是很简单的学科，其核心本质是说：世界上任何物质都具有不同的原子、分子结构，如果有办法把这串原子、分子结构分解后再重新编排出一个不同形式的结构，就能产生一种与原来不同的物质，这就是纳米科技。举一个例子，常见的煤炭经分解后，将其碳原子重新排列组合，可以变成石墨，也可制成钻石，这就是纳米科技。而原子的体积很小，都在纳米尺寸的范围内（1百万个纳米等于1毫米），因此称之为纳米科技。

中国的哲学家老子的《道德经》第四十章说："天下万物生于有，有生于无"。所以"无"就是道，而"无"是相对具体事物的"有"而言，并非等于零。所以"道"是万物之生，怎可等于零？"道"既不是实体，但也不是空无所有，老子形容它为"无状之状，无物之象"，"视而不见"，"听之不闻"，"搏之不得"（《老子·十四章》），所以道是超乎想象，非人的感官所能捉摸与看见的东西，道是超越时空而存在的，既没有寿夭生死，也没有大小广狭，道生万物，但其本身却丝毫无损，而且这种创生能力永不停止，无所不在，无所不至。"无状之状，无物之象"，而经过"有"这个阶段，然后才能生出宇宙万物，老子又说："道生一，一生二，二生三，三生万物。"（《老子·四十二章》）"一"就是有，这个"一"当然非具体的事物，以今日的科学术语或许叫作"原子"或"分子"；用"理"和"气"来说，"道"是理，"一"就是气，"道生一"就是"理生气"，这"气"就是阴、阳未分之前的"一气"，二就是阴、阳二气，三是阴、阳二气相交合而生的和气，然后衍生的万物就逐渐构成了这个宇宙。这就是今天科学说明的：宇宙万物都是由多种原子的自动与原子间的互动，而这个互动，所产生另一种连体互动而产生的物质，并从这里又不断地衍生形成万物，这就是今天科学家所谓之"纳米科技"所提出的理念。

印尼国立大学工程学院响应我的号召，想成立一个"李文正量子研究大楼"，希望得到我的捐助。我同意并支持他们，费时三年建成了这栋大楼。

我希望印尼国立大学能成为推动印尼纳米科技的基地与动力。

# 在东南大学探讨"纳米科技与企业管理"

我忘掉了确切的年份，大概是 2004 年，我去南京访问母校东南大学（前身是南京中央大学），时任校长顾冠群院士接待我。在这之前，我捐建了一座李文正科学楼，大楼位于四牌楼旧校址面朝鸡鸣寺的方向。当时我们谈论在南京市九龙湖建新校园，我十分赞赏顾院士的建校理念，所以我再捐建一栋 5 万平方米的李文正图书馆，图书馆是全校建筑群的主楼，也是新校园的中心。我能有今天的成就都是缘于母校的栽培，捐建是我的社会责任。

顾冠群院士邀请我在座谈会上发言，主题是"现代企业管理的经验与体会"。我的观点是：现代的企业管理实际上就是纳米科技的管理法。

老子说："千里之行，始于足下""合抱之木，生于毫末""有生于无"，这个"毫末""无""足下"，就是"纳米"之意。研究企业的运营，也是同样的道理，也应该立足于最底层、最小的单位，其管理原则就是要从小到大，从下到上，从进到出，从点到面。老子又说："图难于其易，为大于其细，天下难事必作于易，天下大事必作于细，是以圣人终不为大，故能成其大。"（《老子·六十三章》）事物的变化都是从小处开始，从量的积累开始，见微知著。古代圣人老子实际上就是倡导应用纳米科技管理思想的第一人，这就是纳米科技运用于企业管理中的核心思想。

20 世纪生命科学领域的科学家发现：一切生命物质的基础是

DNA，DNA 是由两股碱基对链接起来的双螺旋结构。有 4 种最基础的碱基：腺嘌呤（Adenine），胸腺嘧啶（Thymine），月色嘧啶（Cytosine），鸟嘌呤（Guanine），它们就像螺旋式楼梯中的梯阶。这 4 种碱基的不同组合方式，决定了不同的 DNA，不同的 DNA 决定了不同的物种。

一个企业是基于内部诸多的作业流程而得以运行，正如人体内的细胞由上述的 ATCG 四种碱基组成而运行一样，工作流程也是由四种不同的要素组成的：工作岗位：描绘整条作业流程的步骤、工作岗位及负责人；工作任务：指明相关人员的详细任务；工作细则：指明如何操作任务；工作主体：指明什么文件或什么材料。如果上述四种要素搭配合理，一个企业就能用低成本制造出高品质的产品，这就是所谓的生产力。生产线的工作流程决定着一个企业的活力，这就是纳米科技的企业管理法。

一间医院包含了医院物业（楼房）和医疗运营两个体系，这是两个不同的营运单元，而在这两个单元中又包含了许许多多的工作小单元（分子）。整间医院是集合了许多单元的综合体，各个单元之间是独立自动，同时又是互动的。按照纳米科技的原理，我们可以把上述两个营运单元（细胞／分子）予以分离，分成为物业公司与营运公司，然后形成营运公司向物业公司租用大楼物业的关系。如此安排可以减轻医院的投资压力，能够多开分院，接下去物业公司又把这个租赁业务卖给房地产投资信托基金（REITs），取得更多资金作为再建物业之用，这相当于上市集资。同时，医院营运公司也予以上市取得资金再开设分院，如此两方面相互配合，得以不断地扩张。这样的业务扩张模式，符合老子所述"一生二，二生三，三生万物"的规律，也体现了纳米科技的本质。如果再进一步，还可以把医院的大型医疗设备的单元剥离出去组建租赁公司单独运营，这是纳米科技的企业运作又一种方式。总之，纳米科技与中国古代的哲理是相通的，两者的原理都可以很好地运用于现代企业管理与营运中。

在东南大学的这次座谈会后，我时常思考关于企业管理的问题，一些浅见收录在《古圣哲理与现代管理》一书中，由母校东南大学出版社于 2006 年出版。

# 希望之光大学（UPH）

1994 年，李白向我提出开办一间大学的建议，这非常符合我兴办教育的心愿，我积极地鼓励他去实现这个大目标。在印尼一般都通过向社会募集资金，群策群力地共同兴办私立大学。正因如此，就常常有意见多、议而不决和决而不行的情况；并且多数时会发生权力斗争和派别纠纷，导致教学无效率，办学失败的居多。前车之鉴，李白建议由我们李家单独承诺出资办学。

经过几年的努力，在当时的教育部长瓦尔迪满（Prof. Wardiman）协助下大学终于顺利开办，由约翰·欧多罗（Yohanes Oentoro）先生担任第一任校长，初期只开办 4 个院系，然后逐步地扩增。办学伊始，李白就把这间大学命名为"希望之光大学"（Universitas Pelita Harapan），校名源自《圣经》，并旗帜鲜明地阐明是基督教大学，《圣经》为必修课程之一，教师必须是基督徒。

希望之光大学把道德教育放在首位，在校园内严禁吸烟，有很严格的突击检查吸毒的措施，这与印尼其他一些大学散漫无德的教育方式大相径庭，获得了社会的认可与好评。在李白的默默耕耘下，大学的实力在短短10年内取得长足进展，声名鹊起，现已成为印尼名校之一。

在1998年和2002年，曾经分别发生过反对希望之光大学的运动，当时许多报刊和无线电台都在攻击我们办学的教会色彩。一些亲近我们的政治家与宗教知名人士都劝我改旗易帜，放弃基督教大学的办学宗旨，以避免来自其他宗教的攻击。说实话，我开始有点动摇，但李白坚定的立场出乎我的意料。他是那么坚定，坚信主的旨意是对的，坚信主与他同在，正可胜邪。李白坚定信主之心感动了我，我继续支持他办学的立场。李白花了大部分时间在大学事务上，他兴教办学的心愿比我还强，我心宽慰。

1970年以前，印尼著名的医生与律师多数都是华裔。但苏哈托总统上台后，推行禁设华文学校、禁办华文媒体和禁用华文姓名种种恶毒的灭绝种族的政策，犹如希特勒的行径。虽然政府没有明文规定，但印尼大学的医学院与法学院开始不再招收华裔学生，这样导致华人在医生和律师两个行当里发生了断层。到2000年以后，印尼社会只剩下极少数的华裔医生与律师，这造成了今天多数的上层印尼人只能选择去新加坡看医生的现象，这是印尼的一大损失。另外，印尼的政治不断地进步，一直在朝向民主法治的方向走，因此法律的地位愈显重要，在医学界与法学界急需培养有道德观念的专业人才，这是时代的需要。

有鉴于此，我亲自督办UPH的法学院与医学院，经过10多年的努力，现在UPH法学院的博士地位相当崇高，很受重视；医学院的毕业生参加全国医生会考都名列前茅。UPH法学院与医学院的校友在印尼主流社会中的地位与日俱增，这其中一个重要的原因是因为 UPH 的校友都有很高的道德标准。

李白的长子李川到美国念完沃顿商学院（Wharton Business School）的 MBA 后，又考进哥伦比亚大学法学院深造，取得法学博士学位。2013 年他回到印尼后，没有优先选择商业部门而是自愿参与到 UPH 法学院的工作中，这让我喜出望外。兴教办学的心愿有后人予以兑现，这是我最大的喜乐。

## 希望之光中小学（SPH）

前面提过，把卡拉瓦奇开发成为高级住宅区，必须先建高档的医院与高级的国际中小学，李白把这个中小学命名为希望之光中小学（Sekolah Pelita Harapan）。中小学也定位为基督教学校，《圣经》是必修课，我们注重道德教育，禁烟禁毒，注重体育、音乐等各方面的综合发展。学校以英语和印尼语进行双语教学，为此我们聘请100 多位美国教师，师生比例是 1：10，这些教师必须是美国师范大学的毕业生和基督徒，他们都有丰富的教学经验和强烈的责任心。我们请了资深的美国教育家来担任校长。副校长管公关与行政事务，由李白的妻子李艾琳担任，行政与账务管理工作都做得很好，很有效率，这是希望之光中小学良好发展的主要原因之一。SPH 的学生多数家境殷实，绝大多数都出国念大学，他们都可以考进美国排前50 名的大学，SPH 的教育质量有口皆碑。

当然，卡拉瓦奇也要有中等家庭居住，所以得有好的 Sekolah

Dian Harapan 中小学（由印尼资质极好的教师执教），课程都按照国际中小学的水准，但以印尼语授课，校舍与设备比一般国民学校要好得多，有游泳池、球场、图书馆，这是其他公立中小学所没有的，但收费只稍微贵一点，这里的毕业生成绩都很好。正如我们的预期，因为教育好所以吸引了很多好家庭搬到卡拉瓦奇居住，这个区就形成了高级住宅区，地价由当初的售价 US\$300 每平方米，今天已升到 US\$2 000 每平方米。李白在这方面尽了最大的努力，更值得表扬的是，李白已经是寻觅人才和组织团队的高手。

卡拉瓦奇力宝村的成功开发，成为我们后来其他商住区发展的模式。力宝集团属下的力宝芝加朗（Lippo Cikarang）工业区，望加锡的 Tanjung Bunga 村，茂都的度假区，雅加达中区的圣莫里茨（St Moritz）共有 140 万平方米的高档商住群楼，雅加达南区的革笠村（Kemang Village）共有 110 万平方米的高档商住群楼，雅加达中区的荷兰村（Holland Village）共有 60 万平方米的高档商住群楼，其他的如棉兰省府的群楼以及芝加朗正在建筑的橙郡（Orange County）群楼，都是按照卡拉瓦奇力宝村的模式开发，其中都有希望之光中小学和 Sekolah Dian Harapan 中小学，以及西罗亚医院，当然也包括高级的购物中心。

经历了这许多商业性的中小学的建校与治校过程，我们看到丰硕的教育成果。20 多年来我们培养了许多优秀人才，Pelita 的校友在印尼社会中都居重要职位，为社会作出很多贡献。就以我的 22 个孙辈来讲，他们都是 SPH 的毕业生，也都考进美国的名牌大学，学成回印尼后都有优秀的表现。

回忆 SPH 建校初期，学校的设施堪称豪华，有 20 多间隔音的独立音乐室、奥林匹克标准的游泳池、骑马场、漂亮的体育馆和舒适的图书馆等，校园幽静雅致，教师都来自美国。有人告诉我，这是十足的贵族学校，简直就是东方的伊顿公学（Eton College）。我自己幼年所经历的艰苦日子，让我养成吃苦耐劳的习惯和刚毅的性格，这才有我今天的成果。为此我常常担忧，学校的设施太好太舒适，会不会反而容易把人家的子女培养成为娇生惯养、经不起风浪的弱者。我时不时就会提醒李白夫妇，千万要注意学生的品德教育与毅力的培养，特别要有冲劲，这样才对得起社会。到了我的孙儿毕业归来后，看到他们个个都很称职，工作认真投入到近乎像我一样是工作狂，我才放心了，SPH 对学生的培养配得上家长们的托付。

李白成功办好 SPH 与 SDH 两种学校后，他提出要在印尼偏远落后的地区开办免费的希望中小学，为穷苦的孩子提供义务教育，命名为 SLH（Sekolah Lentera Harapan），我很赞赏李白的爱心，庆幸有这么好的下一代。

在偏远落后的地区开办学校面临很多难题，最大的难题是找不到好的老师，多数人吃不起苦，不愿意去偏远落后的地区。最后只好在希望之光大学开办师范系，与澳洲的一所大学合作，他们提供教材与教师，学生毕业后发双重文凭，我们到偏远的地区招收愿意毕业后再回落后地区执教 4 年的学生，给予学费和住膳费全免的义务师范教育，每年提供 600 个名额，这个办法很成功，我们充满信心可以为印尼的贫苦人民提供免费又优质的教育。

我告诉李白，如果主给 Riady 家族的恩赐足够，我们应该在全印尼贫穷地区开 1 000 家 SLH 学校，这是强国富民的义举，是 Riady 家族的社会责任。

# 玛中大学和玛琅中学校友会

玛琅中学是第二次世界大战日本投降后由玛琅县侨领黄怡瓶先生倡办的，第一任校长是王实铭先生，他离校后被美国南部的一所大学聘为教授。玛琅中学在黄先生与王先生两位的共同努力下，一年之内就成为东爪哇省甚至印尼东部最好的中学。

2001 年，玛琅中学校友会在中国福建省的厦门大学召开。来自全球各地的校友约 900 名，在分别几十年后重逢，畅谈幼时求学的情境，回忆可爱的玛中母校，气氛热烈，激奋人心。每位校友心中都有一个强烈的愿望——玛中复校。

同学们推举我发表演讲。我讲到陈嘉庚先生创办厦门大学，全球华人都景仰陈先生；黄怡瓶先生受陈先生办学精神的感召而创办玛琅中学；今天，我们要代代传承，把黄先生的办学精神发扬光大，不但要复校，还要在玛琅创办玛琅大学，以纪念黄怡瓶先生的功劳。

建校的倡议得到全体在场校友的欢呼赞同，大家现场推举几位校友组成建校小组，由我领导，这是印尼华校校友会的首举。

印尼各大都市都有华校，所以有很多的校友会。多数校友会为了一些利益争执不下，有的甚至闹到法院，非常遗憾。我看到有一些人出钱很少可是意见却最多，他们善于提出很多理由，为了反对而反对，想以此强调自己的重要性。

玛中校友会很多年以前曾经向校友募捐，这些钱后来又因买卖土地赚了一笔（大约不超过 50 万美元）。关于这笔钱，本来意见就不统一，现在要办学了，牵扯到将来大学管理权的分配，各方争执得更厉害，闹得沸沸扬扬。这样的局面真是可气又无奈。不久泗水的黄启铸、吴长奋等四位校友来看我，问我有关办玛中大学的意见。

首先，我提出印尼华族的一个原则性问题，是"落叶归根"还是"落地生根"？我的意见是，既已加入印尼国籍，就应持落地生根的态度，因此玛中大学应该是培养印尼民族文化精英的摇篮，是归入印尼民族大家庭的熔炉。至于传授中文，就如我们学习英文的道理一样，今天是中国因素的时代，有必要掌握中文，学习中文不能狭隘地理解为要落叶归根。玛中大学应致力于民族大融合，这是办学的大前提和原则，希望大家能同意。

其次，我建议放弃之前由校友会建校的惯常方式，改由校友们合资成立的公司来负责建校，一切按照成熟的公司机制运作，大家同意这家公司的业务就是建校办学，不可有其他的商业行为。如此可以绕过纠缠不清的校友会而快速把玛中大学办起来。

第三，建校的预算大约需要 US\$1 300 万，要有一位发起人负责其中的一半，约 US\$650 万，其余的款项再向公众募捐。必须提前做好资金的筹集，否则建校无从谈起。

第四，校长必须由一位博士来担当，要有海纳百川的心志和继续学习的意愿。

第五，必须委任一位可信的人去物色校长人选。

黄启铸校友很赞同我的建议，并承诺负责建校费用 50% 的出资；他建议由我担任建校委员会主席并负责聘请校长和其他教师。我同意他的提议，就这样我们行动起来。

办一所玛中大学比我自己开办一所希望之光大学（UPH）还要

麻烦，常常为一件芝麻小事花费很长的时间去说服大家，这里面感情的因素比事情的正理还要大。但由于黄启铸先生正直无私的品格以及他对我的完全信任，所以办起事来还算轻松。举个例子，黄先生为建校已经选择了两块地，一块在玛琅的东南边，另一块在西南边，他很客气地一定要我决定。我挑选了西南边地块作为校址，原因是远离商业区，风景优美，后势看好。

我聘请"李文正纳米科技研究院"的副院长鑫达·黎曼（Shinta Liman）博士担任玛中大学第一任校长，并亲自与她讨论课目设置、行政管理、教授人选、教师薪酬等办学的重要议题。上任前安排她到希望之光大学熟悉一个月，一切准备妥当后才走马上任。她在任期内的工作得到全校师生的认可。后来她又在黄启铸先生和我的共同支持下，在玛中大学里开设了植物研究所，取得不错的研究成果。

前后 3 年多的时间，玛中大学总算落成并顺利开学了，我的责任告一段落。我能为母校办件实事，也算是回报多年前母校的栽培恩情。玛中大学很快为社会所认可和接受，我想这是所有玛中校友都愿意看到的结果。


## 李白和李棕的工作精神

行笔至此，算是写完了第四个 20 年里在印尼的事迹。

力宝集团的业务重点在印尼，我自己大部分时间都在印尼度过。除了 1984 年到 1986 年我曾多花了一些时间在香港协助李棕创业外，其余时间里我们夫妇和李白一家人住在一起。从 1991 年起我把在印尼的事业几乎全交给李白主导经营，所以本书所写的印尼业务应该也可以说是李白的事迹。

1991 年是力宝集团的重要转折点，我离开林绍良先生全力发展自己的事业。1991 年也是我从金融业转入土地资源开发事业的起点，并且把事业衍生到医疗、教育、零售连锁和电信等事业，这些事业都是从零开始，并且都在同一时间启动，实在是艰难。我相信老子的哲理："合抱之木，生于毫末"，"为大于其细，图难于其易"。经过多年的努力，现在有好几项事业力宝的规模在印尼全国都是最大的，真正做到从无到有，从小到大。

有一次，新加坡国立大学（NUS）请我去演讲，有位听众发问：学校课程提示，经营事业必须集精攻坚才能成功，可是力宝集团的业务非常多元化，而且还跨区域经营，但样样都很成功。那么成功的秘诀是什么呢？我回答说：成功的秘诀是"我知道我不知道"（I know I do not know）。因为只有当一个人知道他自己不知道时，才会谦虚地找懂的人和内行的人来主持业务。举个例子，我知道我不懂连锁超市的业务，千万不可装懂，贸然自己经营，正确的做法应是请超市经营的专家来主持，于是我把曾任竞争对手 CEO 的人请过来主持业务，他既专业又敬业，所以力宝的连锁超市业务发展得又快又好。多元化和集精攻坚本质上并不矛盾。

讲到集精人才，我的两个儿子李白和李棕都是网罗人才和组织团队的高手，也都是分析业务和财务问题的专家。因为他们的分析深刻到位，故容易看出问题所在；看准了问题所以能对症下药；药方举措对路再加上执行有力，所以力宝的企业总是生机盎然。

李白在掌控企业发展的过程中善于运用数据，他能很快在纷繁复杂的局面里抓住问题的核心。我看到数据的重要性后就愈加注重数据的正确性，我主张用工作流程来指导每位员工的工作，并用电脑如实记录每笔交易，以便能够提供准确翔实的数据供决策之用。李白还擅长于当机立断地改进弱点，有时他甚至会厉声纠正同事工作中的不当。力宝集团在他的领导下工作成效显著。

李棕秉承我注重教育的心愿，捐建李文正楼给新加坡国立大学商学院，捐建李文正行政大楼给新加坡李光耀行政管理学院，还捐建李文正大楼给香港浸会大学。李棕认为这样做是在回馈社会，是企业的社会责任，我打心眼里赞同他的看法。

李白和李棕都很好地领悟了我的宏观理念，对我的纳米科技企业管理的微观观念也有很深理解。他们两人都善于发掘人才，并激励成员发挥各自的专长，相互搭配，组成一支骁勇善战的军队，奏出一部协调激昂的交响乐曲。

李白和李棕都很敬畏神，听神的话，忠心侍奉神。《圣经》说：敬畏神是智慧的开端，两人都下苦心钻研《圣经》，从中得到启发。Riady 家族的人都很爱家，俗话说：家和万事兴。爱是我家族的中心和事业的根基。

古语说：知足常乐。下一代有本事又爱打拼，我是快乐的。


## 孩子们比我强


和所有人一样，我也存有"望子成龙"的企望，希望孩子们要比我强。从 60 岁开始我已计划逐步把企业交给孩子们去打理，但我的长子李青急于自立门户，无奈只好让他自行创业，独立于家族企业之外。李家的家族企业——力宝集团就由李白和李棕继承打理。

多年前，我偶然在电视节目上看到老鹰如何训练幼鹰飞翔。老鹰抓住幼鹰急速冲天，然后在高空中把幼鹰摔下，让他挣扎学飞，等到幼鹰失控时，老鹰急速飞近把幼鹰抓住，向上飞翔盘旋后又把幼鹰摔下，迫使幼鹰学飞，如此反复，幼鹰终学会自由自在地飞翔。这个节目给我的启发很大：培训孩子独立作业应该大胆让孩子从失败中学本事，而不该只是纸上谈兵，应该让孩子们实战冲锋，从实践中体会真谛，做错了比不敢做要好得多。失败乃成功之母，就是这个意思。

本书前面几篇"1998年亚洲金融风暴中的印尼""土地是资源，也是原材料""土地资源衍生出来的产业集群""医院是公益，也是产业"和"希望之光大学"等所描写的都是李白的事迹，特别是应对亚洲金融风暴所引发的许许多多的难题，我都特意站边旁观，让李白独自去应对，我认为这是李白千载难逢的学习机会。要经过这样的大浪才能学到实际功夫，从中吸取宝贵的经验。要是当时我不放心而亲力亲为，李白就体会不到真正的难处，也体会不到人际关系的奥妙。李棕也才有机会面对阿南达·克里斯南（Ananda Krishnan）的刁难（后文有提及），从而体会到商场上的阴险一面。他们也从开办新企业的过程中学习找人才、建立新团队和淘汰不适当的人才，这些难题让李白与李棕变得更成熟了，我很欣慰他们已经可以飞得更高和更远。

什么是最让我自己感到骄傲和宽慰的事情呢？很难找到正确的答案，但偶然间想到一个很简单的答案：如果我的下一代个个都很妥善尽父职，能把我的第三代也都教成能尽父职的孩子，都是敬畏神的孩子，那么这就是我最可自慰与自傲的地方。就这么简单，我很幸运，我的三男三女都做到了这一点。

李山是李青的长子，毕业后我将他交由李白培育，李白最懂得管教孩子，他也乐意去管教他们。经过10年的实地学习，如今李山已经充分掌握了购物中心的重点问题，诸如地点的选择、建筑的样式、市场的定位、住户的招揽、租金的标准、人员的培训、颜色的搭配、宣传的模式、财务的管理和预算的编制等。因此只用一年的时间，业务已可以展开，并且他已经与多个基金会洽商融资的问题。

李浩是李青的次子。他在埃默里大学（Emory University）毕业后直接被保送到美国著名的芝加哥大学攻读经济学博士学位。他痴迷学问，理想是当教授搞研究，我很荣幸能有这样一位孙子。

李川是李白的长子。他书念得很好，以最优等荣誉毕业，然后考进美国第一流的哥伦比亚大学法学院（Columbia University Law School），以高分数取得法学博士（Juris Doctor）的学位。学成归来后，他选择到希望之光大学当教授，他热衷于教育，使我倍感欣慰。他很有政治才华，是可成就的人才。

李瀚是李白的次子，最精灵古怪。他用最短的时间拿到南加利福尼亚大学（USC）的信息传播硕士学位，理由是学位并没有注明学分，所以对他来讲，在最短的时间内取得硕士学位就可以。李瀚好交际，上大学时跟学校里的教授与同学的关系都非常密切。学成归来，他选择在媒体事业发展，学以致用，做得很轻松，很开心。

李棕的儿子李江，大学毕业后在纽约的投资银行实习一年半后回来，我也安排由李白去辅导，让李江从零开始去发展电影院线的业务。印尼的电影院线历史已久，现有的大公司几乎垄断了要上映的影片。拿不到影片的代理权也就无从谈及电影院线业务，要如何去突破这个难关真不简单。但李江竟然能很容易地找到解决问题的方法，迅速拓展事业，确实值得称赞。其他诸如影片题材的选择、影院的设计、放映设备的选择、人才的网罗等，李江似乎胸有成竹。他心态很放松，我相信他会成功。

## 李棕选择新加坡为发展基地

1998 年亚洲金融风暴，印尼与韩国两国的经济受害最深，两国的货币贬值将近八成，利息高涨，银根奇紧。大家抛货救急导致物价暴跌，企业受不了高利贷的压力纷纷倒闭，以致银行受累也倒闭。其中只有中国香港与新加坡的金融中心地位仍然屹立稳固，显出它们的优势，但两地的房地产业受到的损害也不浅，地产市价跌了近半。中国香港的房地产企业比新加坡强，因为它的前十大地产商控制了大部分地产，他们的实力很强，债务轻，可以垄断市场，所以香港的地产在 2000 年已恢复元气。

李棕从亚洲金融风暴中看到香港的金融和地产业的垄断状态，这对新进行业者不利，发展空间有限。他看到新加坡的地产业比较分散，所以新进的地产商有更大的发展空间，另外李棕也很关心孩子们的教育环境，他认为新加坡的教育环境很好，为了孩子们的前途，他想迁居新加坡，他要学孟母三迁教子，尽做父亲的责任。李白也一样非常关心孩子们的教育，致力办好印尼的希望之光国际学校，好让孩子们的基础教育能自己关照到。我很欣慰下一代能够注意孩子们的教育，这是家族长青的根基。李棕一家人在 2000 年迁居新加坡。

1984 年李棕毕业于美国南加州大学，之后我安排他到纽约的花旗银行学习 3 个月，然后去香港的渣打银行学习 3 个月。恰巧 1984 年我收购香港的华人银行，这对李棕是一个难得的机会，可以参与并经历收购与接管一家在亚洲金融中心的银行以及如何处理与华人银行旧业主香港海外信托关于买卖的善后工作；并且参与重新编制华人银行的工作流程，以及招商扩展业务的新策略的设计，如何编制预算案，如何在短短的三年时间使华人银行的存款从 3 亿港元增加到 40 亿港元，从亏本转为盈利，如何选地址开设分行，如何自己定位，并选择客户。

更重要的是，经历了香港的银监处对印尼背景的银行具有歧视的监管法规这一过程。比如 CAR 的百分比香港一般的银行只需 8%，而华人银行必需 15%，并且对放贷管得更严。为了克服这个难题，并且可以增加香港居民对华人银行的认可度，最终通过香港中国银行的董事长黄涤岩先生的介绍，邀请香港最大的中国企业华润集团参加 50% 股权，李棕参与了这个过程，并且学习了如何与华润集团的同事们打交道，建立共识，融洽相处，激励双方人员同心协力发展华人银行，李棕在这方面学习得很快很好，完全可以替代我的职责。他已经可以取得华润集团朱友兰董事长的信任，也可以直接与长江集团董事长李嘉诚先生商谈业务，更重要的是，他经历了香港的法治与自由市场经济的运作方式，更让我放心的是，他已有能力分析香港的经济结构，显出他的逐步成熟。

2000 年，李棕决定一家人迁居新加坡，这是他在香港实习 16 年的心得，我放心他的决定。

## 新加坡的产业里程

2000 年，李棕一家人迁居新加坡，我让李棕自行安家并接管一家新加坡上市公司。其中他用 3 个年头去熟悉新加坡，到了 2004 年，我告诉他：动就是生，静就是死，哪怕动错了还是比静更好。

2004 年，李棕头一次尝试参加投标新加坡政府售地，他的标价比其他参标商的标价低了将近 70%，头一次失败了。我们分析错在哪里，从中学习，比如关于如何估计地价和估计利润。不久，新加坡政府又公开拍卖土地，李棕已经做了比较成熟的准备，但是又失败了，不过这次的差价只有几个百分点而已，表明他已经成熟了。几个月后又有土地拍卖，这次李棕成功得标了。他请几家建筑公司提供建筑方案、房间布局、品质定位、售价定位和突出的要点等，李棕给自己的定位是"高品质的土地发展商"，要建立"力宝品牌"，他做得很认真，所以一举成名。继后他又开发了 7 个楼盘，力宝已经被公认是新加坡的地产商之一了，声名鹊起，从此四面八方的业主和中介商都前来向李棕兜售地产。李棕认为新加坡的房地产尚处在冬眠状态，尚未恢复到 1998 年的地价水准，应该是大力进入的时机，那时他看中珊顿道（Shanton Way）第 78 号的办公大楼，商谈结果以每平方尺 S$500 价格成交。

2005 年，李棕又看中该金融中心区的邻街 Anson 路第 79 号办公大楼，成交价是 S$9 000 万。在 2006 年为了收购华联企业有限公司（OUE）把它卖掉，卖价是 S$2.3 亿，同时也把珊顿道第 78 号大楼以每平方尺 S$1 300 出售，我们集中力量准备收购华联集团。

这里顺便叙述一宗很有趣的地产买卖，2000 年因为决定要把力宝集团印尼以外的业务总部移到新加坡，刚好在菲利普街一号有一栋老楼房正在拆毁重建，这栋楼面很小，很适合我们的业务规模，我以新币 $3 000 万买下。不久我们有了珊顿道第 78 号大楼，所以以 S$9 000 万将它卖掉。不久这家买主以 S$3 000 万卖给我们，几个月后又以 S$9 000 万出售，真是有趣。

李棕在新加坡的业绩很顺利，发展的基地已经奠定了。

## 最重要的里程碑——收购新加坡华联

2006 年，新加坡政府的金融监管处限令新加坡的银行不得兼营非本业的业务，大华银行因此必须放弃他的附属地产公司华联企业有限公司，下称"华联或 OUE"。大华银行与华联都是新加坡的上市公司，所以受到三重的监管机制，出售华联必须经过公开拍卖程序。大华银行的董事长黄祖耀先生与我是至交，听到大华银行要出售华联的消息后，我特地拜访他。

黄祖耀先生表示欢迎我收购华联，并介绍其在新加坡拥有两家文华酒店以及机场的皇冠酒店，另外在中国的汕头市与海南岛的海口市有两家文华酒店，以及参股并管理上海的锦江文华酒店，除此之外还拥有新加坡最高的地标——63 层的办公大楼，以及临海的一块最佳的办公楼的空地。我很感谢祖耀兄的诚意招待与耐心介绍，不过他必须先征得华联集团旧业主连瀛洲先生家族的同意后才能给我答复。他问我准备什么价钱收购，我告诉他已经准备了 7 亿新币，我同时向他要求融资，如果收购超过此额的话，他一口答应没有问题，但他需要 7 天的时间取得连家的意见。我深感祖耀兄是一位很念旧的朋友，他如此尊重连瀛洲家族，我很幸运有这么一位朋友。

我满怀信心地告诉李棕我与黄祖耀先生会谈情形，我们要耐心等待 7 天后的好消息；可是李棕所得到的信息完全不同，投标的截止日期只剩 3 天，必须立即送进投标的文件，否则将失去机会。我怀疑这个消息，我深信黄祖耀先生与我多年的友情不致如此失信。可是事实胜于雄辩，我只好立即聘请法国巴黎银行（BNP PARIBA）投资银行作为收购顾问，按规定立即送交参标文件。

次日，正式消息发布，大华银行遵照新加坡银监会的规定必须出售与金融业务不相关的华联置地有限公司，是采取半公开的竞标方式。旧业主委托瑞士信贷集团公司（Credit Suisse）邀请一家不太熟悉亚洲酒店业务情形的美国喜达屋资本集团（Starwood Capital）属下的酒店参加竞标，另一家参加竞标的竟是黄祖耀家族自己的大华置地有限公司（United Overseas Ltd）。黄祖耀先生亲自参加竞标在我意料之外，但我们突然加入竞标可能也是黄祖耀所不愿看到的。

大华银行只给参加竞标者 5 个工作日作为尽职调查工作的时间，并且只提供了不完整的信息资料，因此我们的投资顾问法国巴黎银行（BNP PARIBA）给我们提出上百条必须要求补充文件，否则不建议收购。据说喜达屋资本集团也从他的投资顾问接到相似的劝告，所以喜达屋资本集团的收购条件是，敢以更高的股价收购，但必须重做尽职调查；但蹊跷的是，大华置地有限公司却出低价收购，但是无条件收购。

大华置地有限公司对华联置地企业的业务具有先知优势，这对外来的竞标者是不公平的待遇与竞争，我相信以黄祖耀先生的精明与能干，所以他敢收购华联，我跟在他后面是不会有错的。因此，我势在必得。我告诉李棕，我们的收购价要比华联市价每股 S\$5 高出 S\$3，并且是无条件收购。

我以 S\$8 的股价竞投，又是无条件收购，照理应该是没有问题，但是黄祖耀先生最后关头还要求再加 S\$1，等于是 S\$9 一股，比市价 S\$5 几乎高出一倍，我无奈只好忍痛欣然接受，最终是用 S\$16 亿收购 OUE 的 90% 股权，其中的 S\$10 亿是由奥地利中央合作银行（RZB）支持融资的，这是我一生最大的收购行为，也可以说是蛇吞象的实例，是我们成功在新加坡发展的基础。


## 李棕的挑战

在我们对外宣布要收购华联的次日，马来西亚的阿南达·克里斯南先生上门找李棕，探讨参加收购华联的行动。阿南达·克里斯南先生是印度后裔，是马来西亚的 USAHA TEGAS 有限公司的董事长，为人非常精明。他表态愿意在控股公司内占 49% 股权做小股东，共享未来的成功。

李棕仰慕他的声望，希望借此多学艺，就欣然答应他的入股要求，并请求他派两名亲信担任华联的董事，他即委派两名资深印度后裔大律师加入华联董事会。想不到阿南达·克里斯南先生是早有预谋，他派这两位高手阻挠我们的发展计划。从 2006 年到 2009 年，这两人在每个月的董事会上总是利用法律的漏洞，对经理部的运营进行吹毛求疵得近乎无理的考问与指责，而对每一项业务的改革或新业务计划总是为了反对而反对。他们无理取闹，拖延会议时间，从早上 9 点开会到深夜是常事，并且动不动就威胁要向法院控告董事，迫使董事们必须按他们的命令行事，搞得董事们苦不堪言。有两位董事经不起这种轰炸式的疲劳虐待，一度要求辞职，幸亏李棕一直采取隐忍的态度去化解这两位印度裔的压力，并借此团结全体同事，积极改革以成绩来回应阿南达·克里斯南先生。

经过 3 年的折腾，李棕的坚韧与忍耐终于使阿南达·克里斯南先生明白，相斗不是明智之举，跑的人辛苦，追的人更辛苦。最终我们了解他入股的目的是追求短期的投资暴利。他很直白地告诉我们要以高价卖股。在无奈之下，我们只好妥协，最终以新币 9.6 亿买回他 49% 的股权。阿南达·克里斯南满意了，他胜利了，对我们来说这是学艺应付的学费。即便如此，我也庆幸能在新加坡有了一个相当有规模的基地，可以发展成为印尼以外的旗舰。

华联大厦是一栋高 63 层的建筑，是新加坡的地标，也是华联最重要的一栋大厦。我们接管了华联的业务后才发现，原来其中华联只拥有 50%，而黄祖耀先生的家族也拥有 10 多个百分点的股权。但在公司的治理结构中却规定他有其他股东不能过问的管理权，如此华联只能看、不能动，其处境实在不合理，而他们又管得不赚钱。除此以外，华联在滨海有一块黄金宝地，可是一查，原来这块地的 50% 股权又是落在黄祖耀先生家族手中，并且拥有绝对管理权，华联也是处在能看不能吃的境地。除此之外，他又迫使华联以低于市价把华联在他的公司中 10 多个百分点的股权转让给他。

这些问题给李棕带来了无限的困扰，因为黄祖耀先生既然是爸爸的挚友，就等于是长辈，所以不得无礼。李棕以惊人的耐心、谦虚并以大道理面对这位长辈。那时我真担心他两面受困（又要应付阿南达·克里斯南，又要面对黄祖耀）而导致精神压力过大。万幸最终一切合理解决，凡是属于 OUE 的产业都归于 OUE，并且各方面都能满意接受，我很欣赏李棕能够以柔克刚，且能不战而胜。

## 提升新加坡华联市值的措施

一个企业最严重的弱点就是浪费，浪费的含义很广，最大的浪费莫过于把宝贵的地点被误用于没有价值的用途。所谓业务改革计划或发展计划，其重点就是如何提升土地的用途以增加收入而增值，或者把低产出的业务提升为高产值的业务。

掌控华联企业后，我们注意到新加坡的文华酒店是三面临街，其中一面临乌节路（Orchard Road），这条街是新加坡最繁华的街道，众多高级的购物中心云集道路两旁。如果我们能把文华酒店的进口处移到右边街道，并且把酒店的迎宾大厅以及咖啡厅、餐馆移到五楼，那么就可以把一楼到四楼腾出的空间改成高级的购物中心。这样就可以把浪费的地点提升成为高收入的购物中心，又可以把这四层楼房剥离出去成为一家独立的企业，制造出极高的物业价值。购物中心一年的租金可以达到新币 4 000 万元，而购物中心又可以增值成为新币 8 亿元的财富，这是华联业务改革的起步。

第二项的地产改革是把新加坡最高大楼 60 层 OUE 大厦增建 3 层成为 63 层的高楼，而最高层建设成为新加坡的天空酒楼，可以一边用餐，一边观赏新加坡全市风景，成为热门的旅游景点。

第三项的地产改革是把上述的摩天高楼的一座停车楼重新改建成为一栋高级写字楼以增值。

第四项的地产改革是向黄祖耀先生的大华置业公司收购在海滨的土地 50% 股权。这样我们就开始建筑 OUE 新总部大楼，成为最豪华最气派的办公大楼，收益很好。

经过这四项改革每年的收益由 2006 年的 S\$3 000 多万，提升到将近 S\$2 亿元。华联当初的市值大约 S\$9 亿元，如今已提升为超过 S\$40 亿元，我们极大地改变了 OUE 的面貌。

下一节我也顺便提及华联企业在 2011 年后的发展情况。


## 洛杉矶的摩天大楼

2008 年美国发生次贷危机而引发了全球范围的金融危机，除了美国的金融业遭受巨创外，美国的地产也受到巨大的冲击。地产价格一落千丈，但仍有价无市，这样的情况持续 6 年，到了 2014 年，市场仍未复原。但我们判断已是进入的时机，开始准备要进入美国本土的房地产市场。2014 年初夏，机会来了，南加州的洛杉矶市中心有一栋地标性的 75 层 Tower 银行大楼开价出售，300 美元每平尺，经过讨价还价最终以 245 美元每平尺的价格成交。旁边还有四栋高楼起初要一起卖，我们采取渐进式策略，想不到同一时间就已经被别人买去了，太可惜了。看样子美国的地产已经开始复苏了。我们很幸运买到了这栋地标性大楼，让新加坡的华联开始进军美国。如此，我们已经在新加坡、中国的香港和上海、美国的洛杉矶都有了地标性大楼，这显示力宝集团的业务国际化已经成熟了。最终我也很希望在雅加达能有一栋地标性的高楼，这显示我们正在迈进以太平洋盆地为中心的新世纪。

这里也顺便一提，事业的成功是靠本事还是靠运气？从我们这次有机会收购新加坡商业金融中心区的两栋新加坡发展银行的旧办公总部来看，我必须说这是李棕的运气。因为他能用 S\$800 每平尺买到这两栋大厦，而市价一般都是在 S\$1 300 每平尺以上，这真是运气，并且卖家并不是因不懂行情而用低价出售这两栋大楼。不能不承认，有运气之说也。

现在这两栋大楼的一至三层已开始改造，要成为购物中心，很多世界名牌都已开始承租店铺，深信经过改造后将是一栋新型的购物中心与高级办公大楼，必受社会欢迎。

李棕告诉我，中国的地产已经下滑了两年，经济成长亦已经在调整了。现在也是向中国进军的时机，我同意他的看法，将注意中国的机会。

李棕在新加坡的经历，让我感触良深。没有想到他能够如此地隐忍与坚持，处事从大局出发，并考虑周全各方的利益。


## 丽梅只想做个贤妻良母

丽梅实际上已成了家族的中心，是正气凛然的中心。

我仍在银行界工作的时候，有一天客户送我贵重礼物，是四根金条。我从来没有亲眼见过金条，很开心地带回家里。丽梅见后盘问金条的来历，得知是客户赠送给我的，她很严肃地劝诫我，一定要退还四根金条。理由是接受如此贵重的礼品，会束缚以后的工作，相当于是用富贵交换了自由。我听取她的建议，马上交还四根金条给客户。丽梅总是默默地关注我的品德和操守，不时提醒我，她希望我做一个正直诚实的人。

丽梅激励全家人要上进和多受教育。她 50 岁时只身前往美国，考进南加州大学社会学专业念书，后来她执着地推动女婿翁俊民和黄超隆以及儿子李青和李棕念完硕士学位。

丽梅曾经带领 17 个孙儿孙女前往上海华东师范大学，参加暑假华文修习班；次年又带领他们去北京大学参加暑假华文修习班。她带着孩子们住在学校的宿舍里，让他们从小就体验有纪律的集体生活。在家里，她执着地要求孙子们一起床先练习毛笔字，有时带领孙子们打扫屋前道路，并且严格督促孩子们身体力行以下原则：发型要古典、衣着要朴素、生活应恬淡、胸怀要慈悲、行为要谦让、工作要起劲、教育要坚持、生育要众多、言行要检点、非礼勿视、非礼勿言等等。

她的耐心令人钦佩。如果孩子们不按理履行，她就会再三劝导，激励严督，反复提醒，不管事情大小她都会一直盯住，不到孩子们纠正过来她不会罢休。她的个性就是这样。

李红是我的长女，生了 3 个女孩，已经 8 年不敢再生。丽梅认为，"不孝有三，无后为大"，必须再生育。她不断催促，带着她夫妻二人去新加坡、东京找名医，最终上天不负苦心人，让李红生了个男孩，我给孩子取名翁大川。大川天资聪颖，好学能干，可继承父亲翁俊民的大业。我为这个家庭感到欣慰，为翁俊民的成就感到骄傲。我更为丽梅关心下一代所做的贡献与努力感到欣慰。

我的次女李蓝嫁给蔡煌德，生育两男两女，家庭幸福。煌德也是经营购物中心的地产业务，煌德和李蓝的长子蔡友辉经营锆矿，能干且勤俭，深信会发展得很好；他们的次子蔡友邦从事基金投资，从小而大在发展；两个女儿也都很能干。孩子们选择的业务都是对的，我很欣慰。

我最小的女儿李明嫁给黄超隆，生了两男一女。超隆很有业务上的耐力，经营椰子加工。椰子是没有废料的物资，浑身都是宝，他干得很起劲，很成功，有前途。他俩的长子叫黄建昌，从澳洲念完大学后现在学习管理医院，很专业，也很敬业；次子黄伟昌还在美国乔治·华盛顿大学（George Washington University）念书，他很老成有胆识，是可造就的人才。丽梅总是教诲女儿们要善待公公和婆婆。超隆父亲患糖尿病多年，李明就像伺候自己的亲生父母一样贴心照顾多年，赢得黄府上下的称赞。

丽梅言传身教，她希望将她看重的为妻之道与为母之道传承给女儿与儿媳。她总是叮嘱女儿们在夫家要尊敬公婆，支持丈夫的事业，妥善处理与姑嫂妯娌的关系等等。

丽梅提倡静以修心，提倡俭以养德，并以身作则地过着平静恬淡的生活。她认为，"妻以夫为贵，母以子为荣"，所以她只想做个贤妻良母，我很幸运有这么一位好伴侣。

如我开篇所言，我从未想过有生之年能有这么大的一个家族，3男3女，22个孙辈，四代同堂，全家共96口。我企盼每个人都能荣耀神的名，爱神更甚。

# 第五部分

第五个 20 年（2011 年至今）：

## 成为子孙模范的老人时代

# 全球经济进入新时代

本书的第四个 20 年（1991-2010 年）中提及，全球的经济重心从大西洋盆地转移到太平洋盆地。全世界的科技、经济和政治格局不断发展演变，我观察到在新世纪的第二个十年后，全球经济进入一个新时代。

全方位的自由竞争，其根本是商品的制造品质和制造成本的比较与竞争。其中一般的基本生活商品主要是关于制造成本的竞争。在印尼的制造成本可细分为十种，前四种属于企业的职责，包括材料、折旧、劳动力和利息；后六种属于政府的职责，包括关税、运输、港口费、水、电和治安。在印尼进出口货物时，海关的行政效率低下，港口拥挤不堪，费钱耗时。企业为应对这一情况常要多备原材料或半成品，这又进一步加重利息的成本。这些就是印尼高成本经济的原因，造成印尼的工业产品在全球范围内竞争乏力。

印尼最集中的工业区是芝加朗与加拉璜的六个工业区，在这一区域内年产近 100 万辆汽车、近 1 000 万辆摩托车和品种繁多的电子产品等，是印尼最大的经济区。如果在这一区域附近的 Cilamaya 镇海滨建设大港口，并改善进出口行政手续，以及建设钢板厂，这样一来就可以节省运营以及资金成本，那么印尼的工业产品的竞争能力可以迅速提高，也就是具有攻的能力。事实证明，没有攻的能力，就没有守的力量。竞争就是斗争，斗争就必须具有攻的能力，才会取胜。

今天攻的能力的基础就是数码科技，是这个时代我们所面对的现实。生产高附加值的产品，是我们生存的目标。

第二次世界大战结束后，美国人从微电子发展到数码科技与模拟科技，人类进入到信息科技社会，经济全球化加速。经过 60 多年的发展与演变，今天数码科技已经涵盖了人类的一切生活与经济活动，我们真正进入了数码科技的经济时代。

数码科技时代的来临，将全面取代过去一百多年的马达发动机的经济时代。数码科技成为生产自动化的基础条件，数码科技是信息科技的基础，是先进管理方法的动力，是基因科技的根本，也是未来人类医学与生物科技的基础。

今天人类的生活包括衣、食、住、行、医疗、教育、金融、媒体、网络、娱乐、电商等的所有服务行业，其生产、销售和管理的手段皆被"以数码科技为基础的互联网"所取代，服务行业成为今天的经济主导，也可谓"为人类进入以服务行业为主导的经济时代"。

在数码科技的经济与服务行业为主导的经济的影响下，经济进一步全球化，到 2013 年欧盟已有 28 个成员国，2015 年 10 月美国主导的跨太平洋经济伙伴关系协定（TPP）已达成一致，2016 月元月东盟各国的 AEC 经济自由联盟正式生效，中国已与全球 10 多个国家签订了自贸协定。现在中、日、韩也正在积极地商讨三国经贸自由联盟，这表明人类正进入全方位的自由竞争的经济时代。

综上所述，人类已进入三个相互有关的新经济时代：一是数码科技经济时代；二是服务行业为主导的经济时代；三是全方位的自由竞争的经济时代。新经济时代将对个人生活方式、企业发展模式和国际政治关系产生深远的影响。未来印尼的经济政策与改革举措，如果能做到针对以上新时代的特征有的放矢，那么印尼经济的腾飞和印尼民族的强盛则指日可待。

# 亚投行与印尼的海上和平走廊

13 亿中国人口加上中国人渴望改革的心态，以及中国人的苦干精神，我预测再过 10 年中国将会崛起，并产生正面的影响力，中国将成长为太平洋的主导力量，2000 年后的新世纪将是中国因素的世纪。

2008 年，美国有线电视新闻网（CNN）的节目主持人兼《新闻周刊》(*Newsweek*) 的主编法里德·扎卡利亚（Fareed Zakaria）出版了一本书叫《后美国的世界》，亦指出因中国的崛起，形成了一个后美国的世界格局。

2013 年，新加坡国立大学的经济学院院长马布巴尼（Kishore Mahbubani）教授在他的新书《大融合》(*The Great Convergance*) 中叙述，20 世纪 90 年代的经济全球化因中国加入世界贸易组织（WTO）而发生了根本性改变，中国在 2008 年的全球金融危机中的表现预示着一个世界经济力量大转变的形成，全球化的趋势与各国的区域性利益的矛盾是 21 世纪的主要矛盾。作者认为，世界已然是一体，全球各国，无论是东方还是西方必须在更广泛的思想基础上达成一致和整合，才能继续在这个星球上生存。

今天大家可以看到，中国用 30 年时间完成了全国的铁路网、高速铁路、高速公路、现代化的机场、港口、发电厂以及其他的城市设施，都是世界第一，而中国的航天科技、激光科技、材料纳米科技、军事科技、深海科技都已接近美国，甚至有些科技已经是领先世界，这就是中国发展的现实。

中国的崛起已经改变了太平洋区域的地缘政治格局。中国的习近平主席直率地告诉美国的奥巴马总统："太平洋之大，足够容纳美国与中国。"这说明了太平洋已经取代了大西洋的世界战略地位，凸显了太平洋的重要性，导致了美国意图围堵中国与继续称霸太平洋的战略决心。

中国如何解围将是今后太平洋局势变动的主要因素，中国可以用军事力量去平衡大局，也可以与邻国共创繁荣以对之。

今天中国手上握有的工具，较之美国有优势的，不是军事力量，而是 4 万亿的外汇储备。如何运用这庞大的货币力量去拥抱全球和造福世界，借此建造海上走廊，与邻国共享繁荣共创财富？我认为以柔克刚应是中国战略的主导思想。

2013 年 10 月 2 日，中国的习近平主席在雅加达同印度尼西亚总统苏西洛举行会谈，习近平倡议筹建亚洲基础设施投资银行，意在联合全球的力量，突出亚投行的独立性与公正性，协助亚太区的基础建设以振兴经济，促成共同繁荣，成为太平洋区域和平稳定的基石，进而开辟太平洋的海上和平走廊，与邻国进行密切的互补性合作。

这的确是上策。

讲到太平洋的海上和平走廊，印尼共和国地处太平洋的中线，又是印度洋通往太平洋的门户，是两大洋商贸交通的枢纽，从而具有决定性的军事与商务地理优势。印尼是开辟太平洋海上和平走廊的关键所在，印尼必须自我定位成为区域的和平捍卫者。在这大转变的时代，充满了危机，却也隐藏着无限的生机。

印尼是世界上最大的海洋国，除了地理位置极具战略意义外，我们的海洋资源具有取之不尽的优势，具有全球海运中转中心的地位，也可成为商轮维修与补给的中心，应该进一步成为全球造船中心。我们必须敢于自我定位。

目前全球发达国家都正面临人口老化以及老年人养病的沉重负担，而印尼人力资源充足，人口结构年轻化，充分显示强国的优势。配以印尼语文的拉丁化，以及简便的文法是普及教育的最佳优势，再配以普及中等技术教育，是发展经济的最有利因素。

印尼的可耕种土地面积也是亚洲之最，加上土地肥沃，水源充足，气候适宜，人力充足，是发展农林业最佳地点，应该自我定位成为亚洲的粮仓、亚洲的林业基地、亚洲的畜牧中心。这是未来强国的必备条件。

印尼的矿产在亚洲也是最丰富的，应该竭力发展中下游产品工业，使矿石的附加价值增高。这又是另一个强国的重要因素。

总之，印尼具有战略性的地位优势，可借此争取各方支援我们的基础建设、海洋经济、农林牧经济、矿业经济、旅游经济和医疗旅游经济等。

中国的邓小平在经济改革初期有一句名言："要致富，先修路。"

修路就是基础建设的别称，同样的，今天印尼要强国也必须先搞基础建设。恰好，我们落后的基建正好能够解决中国在基建方面的过剩产能，两国的互补性很强，应该加以利用。

前面讲的是印尼的优势，如何发挥这些优势，必须先了解我们有多少劣势。劣势肯定是强国的绊脚石，必须先予解除。目前我们有三大劣势：1. 预算赤字，导致国库亏空；2. 贸易赤字，也导致国库空虚，以及币值不稳；3. 高成本经济，导致竞争力薄弱，以致经济的成长动力不足。

这三大劣势背后各有其原因。导致预算赤字有三个原因：1. 不合理的预算（浪费和贪污）；2. 越轨的预算支出（采购上的贪污）；3. 不合理的能源津贴（走私与贪污）。导致贸易赤字有三个原因：1. 出口原材料没有附加值；2. 进口已加工的工业材料增加成本；3. 石油津贴等于鼓励石油消费，增加石油进口。导致高成本经济有三个原因：1. 基础设施不完善，造成物流成本高；2. 上游原材料靠进口，导致下游产品成本高；3. 政府行政效率低，加上非正式收费高。

上述三大劣势的改革方法可以考虑下列几个步骤：1. 首先，应选择在物资充足、物价稳定、币值稳定和政治稳定的情况下，断然取消石油津贴，使国家有钱建设基础设施，以降低物流成本。2. 用石油津贴的钱与外资合作，立即兴建镍铁工业和其他建材工业以支持基建。3. 促使国会通过用于基建的土地征收法，以利基建。4. 强制设厂加工初级原料。5. 大力开拓海洋资源的工业。6. 组织团队重新编制国家行政的工作流程，从下而上，从小而大，在各个不同的工作单位施行工作流程，以规范行政工作，提高效率，且可杜绝行政权力的交易，并以工作流程作为编写各工作单位的预算，严防流失，充实国库，致使国富民强。

印尼在上述几次世界经济转移的浪潮中，都漠不关心地让机会溜走。我一直有这样的理念：这个世界上最大的威胁是没有危机感，以及自己的无为。现在大好良机摆在我们眼前，希望印尼人民能够紧紧地抓住机会，与全球各方密切合作，共创繁荣。

在写我的第五个 20 年的时候，写的不是经历而应该是希望。不知道我还有多少时间在这世上，我所有的只是希望，希望看到我的子孙们能够为印尼的崛起做一些贡献，希望能够看到有一天中国与美国谈太平洋事务时会邀请印尼的总统一起商讨。

我所盼望的是：2020 年将是印度尼西亚崛起的时代！

## 印尼中产阶级的形成

1998 年亚洲金融危机，印尼受害最深，百业都遭受到毁灭性的伤害。但经过 6 年的艰辛苦斗，经济开始复苏。到了 2010 年，首都雅加达金融中心地带的地价比 1998 年金融危机前的地价已经涨了近于 10 倍。我们在市中心的三块综合群楼，每块的建筑面积都在 100 万平方米左右，每栋楼房一开市就售罄，可见印尼人民的购买力在急升中。各个大型购物中心里人潮如织，餐馆家家满座。力宝的太阳百货商场和海玛特（Hypermart）超市以每年各开 25 家的速度展开，一片繁荣景象。2010 年后印尼的汽车销售量每年已超过 100 万辆，虽然高速公路不断地扩建，仍然不够通畅。印尼各岛的农、林和矿业都蓬勃发展。各岛之间的航班，每月增班仍客满为患。全国各地新楼林立，车水马龙，一派繁荣景象告诉我们：印尼的中产阶级正在形成中，服务行业也随之繁荣。

庆幸力宝集团所选的行业都在服务行业的范畴内，包括购物地产、办公地产、住宅地产、休闲地产、医疗地产，并包括相关行业诸如：零售、教育、医院、医保、寿险、金融、电信、电视（有线、无线、卫星）和网上购物等。

概括地讲，我们的主业是两个：一是土地资源的开发业务，二是信息网络资源的开发业务，以及由此衍生而出的业务群。这两个行业属于服务行业，恰是中产阶级社会最需要的行业，是最具前途的行业，将是力宝集团大力发展的主业。

再次重述，印尼在几次世界经济转移的浪潮中，都漠不关心地让机会溜走。目前正面临最好的机会，应该在世界政治经济大变革中，紧紧抓住国际上有利的机遇，尽力而为，力争上游，成为海洋和平走廊，成为人类和平的捍卫者。

我们的前面是一片广阔无际的蓝天。


## 家族企业的长青

中国有句俗话是说，"富不过三代"。可是意大利的美第奇家族（the House of Medici），也是欧洲文艺复兴的旗手，这个家族却能延续几百年。另一个欧洲的罗斯柴尔德家族（Rothschild Family）迄今已经五代，也仍然延续兴旺。再看日本的许多大商社也都是家族企业，迄今仍然主导日本的经济。

那么中国为什么自古就有"富不过三代"这一说法呢？我做了分析，现实就是如此。因为一个家庭的下一代，他们的天分、能力、个性都是天生的，是无法按照个人的意愿去自行塑造的。一个家族经过了三代，已经形成为一个非常复杂的群体，品格参差不齐，各有所好，各有所求，难以统一。

美第奇家族和罗斯柴尔德家族是特例，是天赐独厚，无法效仿。可是，日本的家族商社却是可以借鉴模仿的。他们是把家族的企业拥有权与企业管理权予以分开，把企业上市，使之成为独立的法人，独立于家族群体之外，只让给家族中有能力、有智慧的强者参与管理，如此世代相传，千秋亘古。

企业的传承必定是该企业有过人之处，必定是优秀的，所以民族企业的强弱与国家的兴衰有密切关系。政府的资金主要是靠企业的税收，一个国家的企业愈多，企业愈赚钱，国家的税收就愈多，国库就愈充实，国家就有更多的钱给人民提供更多的福利，建设更好的基础设施。换一句话说：政府相当于是全国企业的特殊股东，不出资先分利，亏本又有权查究，但不负责任。国家的兴衰与企业的兴衰有着密切的关系，因此设法让企业千秋亘古，是企业家的大责。

如何把家族与企业的关系处理好，予以妥善分离，但却你中有我，我中有你？如何让企业有合理的独立性？又如何培植有能力和有延续性的新一代管理团队？这是第一代企业家的责任。

讲到家族企业的所有权与经营权分离，日本模式与美国模式两者截然不同。日本的商社如果是上市公司，其管理层是从下层逐步培养、考核、淘汰，经过严格的筛选后才上去，所以其企业的战略极具延续性，讲的是长期目标。而美国的上市公司是大众股东主导，他们注重的是现实利益，注重实的同时注重虚的，眼光是近视的，注重眼前的短期利益，因而可以不择手段取利，所以经理部（管理层）的压力很大，手段要灵活，变革频繁，竞争性强，创新力高，但延续性低，不顾长期利益。

上述日美两种经营模式，各有千秋，各有利弊，都有可取，都有可弃，可以取其长以壮我。我的观察结果是，应采取日本的商社组织的延续性结构企业方式，但引进美国对人才的竞争性，随时网罗新进优秀人才，作为革新的动力，这应该是力宝的经营模式，要不断培训新人才。

本书前面讲到老鹰是如何训练幼鹰学习飞翔的故事。在这个故事的启发下，我 60 岁时已经逼迫李白与李棕艰难地学飞。两人经过数次的失败，才从中汲取经验，获得今天的成功。希望力宝的人都如此，让新一代人尽早独立学习飞翔。这是力宝模式。

前面我几次讲到企业家的责任，殊不知责任是与身份相关的。每一个人都有许多的身份，身份也是随着年龄的增长而增加的。比如，我初生时只有一个身份就是我父母的儿子，次年母亲又生了一个女孩，那么我的身份也随之增加，是父母的儿子又是妹妹的哥哥。不久上学了，身份又增加了，是老师的学生，毕业了是学校的校友，工作了身份是某公司的职工，是某上司的下属，结婚后身份又增加了，是某某人的丈夫。不久生了孩子，身份又增加了，是孩子的父亲。儿子生了小孩后我又成了孙子们的祖父，再下去是许多曾孙们的曾祖父，是许多企业的董事长，是许多大学的校董，更重要的是印尼共和国的公民。

可是很多人，常常不知道自己身份的重要性，更惨的是，不知道身份背后的责任是什么。身份具有一定权力，也具有相应的责任。作为一个孩子，必须要荣耀父母双亲的名；身份是父亲，必定要负责任教导孩子，自己有做好父亲的责任，也必须把孩子们培养成为一个有责任感的父亲。如此代代相传，这个家族就可亘古长青。全民都是好爸爸、好儿子、好母亲和好女儿的时候，那么国家和民族就强盛了！

今年我已87岁了，唯一的企望是能成为子孙的好榜样，成为印尼民族崛起的见证人。

# 后 记

在我一生的职业生涯里，要说最根本的，应该是银行家。但在近半个世纪的银行家生涯里，我却不曾持久地掌控一家银行。每次都在培育银行走上轨道、开花结果之时，我却选择离开，又另起炉灶，如此辗转5次之多。每一次的离开，动机都是为了寻找更适合和更有潜力的合作伙伴，希望要达到更高的目标。

我常常反思这样做是否适当，但让我欣慰的是：我一生的事业都是一次比一次扎实，一次比一次宏伟，一山比一山高。

敢于放弃现成的成功的银行，而另辟蹊径，去开疆扩土，主要是我有信心。我有信心能够组织一班新的并更能干的团队，带领他们共同去创造更宏伟的新目标。当然，我也明白新的目标必有新的挑战，目标越高挑战越大。更须面对新的异己与对立的理念以及新的抗力，初期都是充满了不和谐的气氛。必须下功夫把不和谐的各方揉成和谐，把分歧兼容成为一体，把异己变为自己，互动于同一时间，互补于同一目标。

这就是和谐共同创业的真谛，是宇宙万物和谐而衍生的哲理。这是我一生经历的体会：不断地设立更高目标挑战自己，在和谐中创业和壮大。

几十年来，我的目标愈定愈高，高于财富之上。与目标相应的责任也一次比一次更大。首先，通过发展银行创造更多的就业岗位；其次，辅导银行的客户，银行客户赚更多的钱，国家就有更多的税收；然后，为年轻一代提供更好的教育，也为大众提供更完善的医疗服务，为后人创造更完美的生活环境，为人类挖掘更丰富的智慧，为子孙树立榜样。彰显神的大爱在我们身上。这是我生命的动力，我的晚年过得很充实，也很有意义。

我观察到一个现象：社会财富越来越集中在少数人手中，贫富悬殊的现象愈发严重。

几个世纪以来，一些学者认为：因为资本的收益率高过经济的增长率，所以富人因为拥有大量的资本而财富剧增，资本更易集中在少数人手中，这样就加剧了富者越富、贫者越贫的社会现象。这是资本主义的必然结果，也是目前尚无法克服的缺点。

曾经有些国家实行社会主义，希望通过政治体制来消除社会的贫富鸿沟，但实践的结果是造成大家一起穷。在没有激励的情况下，整个国家的生产力受到人为束缚而失去了积极性，后果是都吃不饱也穿不暖。这样的平均主义违背了自然规律，因为人的天赋有高低，体质有强弱，性格有勤懒，具有高天赋的人其生产力必定高过低天赋的人。如果一律给予平等的待遇，在没有激励的机制下，社会的生产力肯定受到捆绑，导致经济衰退，人民贫穷；只有承认收入有差别，在激励的机制下，才能产生推动人类创新的力量。

邓小平先生提倡"让一部分人先富起来"，在激励的机制下，13亿中国人的干劲一下子被调动起来，迸发出巨大的能量，中国短期内成为经济大国，就是上面所阐明事理的明证。

　　但另一方面，在资本主义制度下，贫富差距愈来愈严重，社会矛盾愈来愈尖锐，阶级对立越来越严重。从长远思考，这将是一个潜伏的大危机，必须成为政府首要考虑的课题。作为一个企业家，是社会中富有的一方，也应该具有社会责任共同参与向社会提供更多更好的教育机会，更多更好的医疗设施和服务，应该全民一致参与缩小人民福利的差距，使全民享受平等的福利，创造一个和谐的社会。

　　我用自己创作的一首小诗《和谐》作为本书的结尾。

# 和　谐

和谐是体现在不和谐的现实上

万事是对立而存在，相对立而发展

阴阳相对而相成

有无相生却相反

大道运行于其间

万物衍生于其中

是宇宙万物和谐衍生的哲理


把不和谐的诸事揉成和谐

把分歧兼容成为一体

把异己变成自己

互动于同一空间，互补于同一时间

共谋于同一目标

是和谐管理的真谛